社会工作本土化：理论与实践

王卓 赵军雷 周希 编著

西南财经大学出版社
中国·成都

图书在版编目(CIP)数据

社会工作本土化:理论与实践/王卓,赵军雷,周希编著.—成都:西南财经大学出版社,2021.9
ISBN 978-7-5504-5006-6

Ⅰ.①社… Ⅱ.①王…②赵…③周… Ⅲ.①社会工作—研究—中国
Ⅳ.①D632

中国版本图书馆 CIP 数据核字(2021)第 154209 号

社会工作本土化:理论与实践
王卓　赵军雷　周希　编著

责任编辑:金欣蕾
助理编辑:杜显钰
责任校对:陈何真璐
封面设计:杨红鹰　张姗姗
责任印制:朱曼丽

出版发行	西南财经大学出版社(四川省成都市光华村街 55 号)
网　　址	http://cbs.swufe.edu.cn
电子邮件	bookcj@swufe.edu.cn
邮政编码	610074
电　　话	028-87353785
照　　排	四川胜翔数码印务设计有限公司
印　　刷	郫县犀浦印刷厂
成品尺寸	185mm×260mm
印　　张	12.75
字　　数	236 千字
版　　次	2021 年 9 月第 1 版
印　　次	2021 年 9 月第 1 次印刷
印　　数	1— 2000 册
书　　号	ISBN 978-7-5504-5006-6
定　　价	32.80 元

前　言

社会工作是在工业化、城市化发展进程中建立起来的实践性专业学科，及时回应、解决社会问题和预防社会问题产生、发展成为其专业使命。2014 年，在澳大利亚墨尔本召开的世界社会工作联合大会再次强调社会工作以实践行动促进社会发展的专业使命：社会工作是以实践为基础的专业，又是一门促进社会发展、增强社会凝聚力、赋权并解放人类的学科。社会工作的核心准则是追求社会正义、人权、集体责任和尊重多样性。基于社会学、人类学和本土化知识的理论基础，社会工作使人们致力于面对生活的挑战，提升生活的幸福感。

党的十九届四中全会通过的《中共中央关于坚持和完善中国特色社会主义制度 推进国家治理体系和治理能力现代化若干重大问题的决定》，在坚持和完善共建共治共享的社会治理制度方面明确指出："完善党委领导、政府负责、民主协商、社会协同、公众参与、法治保障、科技支撑的社会治理体系，建设人人有责、人人尽责、人人享有的社会治理共同体。"① 社会工作作为促进社会治理的重要专业力量，应在建设社会治理共同体中发挥积极作用。社会工作专业十分重视"人在环境中"的专业理念，同时，作为缘起于英国、发展于美国的外来专业，其在中国发展的过程中，也强调社会工作专业本身的"人在环境中"，认为在本土性社会工作和专业社会工作的融合发展中构建中国特色社会工作的发展体系尤为重要。

2016 年 5 月 17 日，习近平在哲学社会科学工作座谈会上指出："要按照立足中国、借鉴国外，挖掘历史、把握当代，关怀人类、面向未来的思路，着力构建中国

① 新华社. 中共中央关于坚持和完善中国特色社会主义制度 推进国家治理体系和治理能力现代化若干重大问题的决定［EB/OL］.（2019-11-05）［2021-04-05］. http://www.gov.cn/zhengce/2019-11/05/content_5449023.htm.

特色哲学社会科学，在指导思想、学科体系、学术体系、话语体系等方面充分体现中国特色、中国风格、中国气派。”① 建设中国特色社会工作体系，一方面要对中国本土性社会工作的助人实践、助人文化、助人理念进行提炼总结，另一方面要对引入中国的西方社会工作进行本土化改造，不断形成中国特色社会工作理论体系、实践体系、话语体系。构建具有中国特色、适合中国社会发展需要、解决中国社会问题、回应中国民众关切的社会工作体系已成为新时代社会工作发展的重要议题。

正是在这样的专业使命和时代背景下，构建中国特色社会工作体系，已成为加快发展中国特色哲学社会科学、推进中国特色社会主义事业的应有之义。本书以中国特色社会工作为主线，以社会工作在中国的本土化发展为切入点，通过对全国和地方样本的深入分析，论述中国特色社会工作的本土化发展。全书围绕社会工作本土化的内涵、原因和维度，中国社会工作发展成果与社会工作本土化的主要问题，四川省社会工作发展成果与现实挑战，中国特色社会工作体系构建，四川省社会工作健康发展推进策略，初步阐释了中国特色社会工作的本土化发展。编者希望本书能够为社会工作专业的学生和一线社会工作人员提供参考，也能够引起业界对构建中国特色社会工作体系的重视。

编者

2021 年 4 月 6 日

① 新华网.（授权发布）习近平：在哲学社会科学工作座谈会上的讲话（全文）[EB/OL].（2016-05-18）[2021-04-05]. http://www.xinhuanet.com//politics/2016-05/18/c_1118891128_3.htm.

目　录

第一章　社会工作本土化的内涵、原因和维度

为贯彻落实习近平总书记在统筹推进新冠肺炎疫情防控和经济社会发展工作部署会议上关于发挥社会工作专业优势的重要指示精神，围绕发挥社会工作专业人才和社会工作在经济社会发展中的作用，全面分析国内外、省内外社会工作发展情况，建设适应时代发展、符合国情省情的社会工作专业人才队伍，发展具有中国特色、四川特点的社会工作，四川省民政厅委托四川大学中国西部反贫困研究中心对“社会工作中国化的理论和实践”课题进行研究。

为全面审视社会工作本土化问题，明确四川省社会工作健康发展状况和任务，探讨四川省社会工作健康发展策略，2020 年，“社会工作中国化的理论和实践”课题①组围绕社会工作教育、社会工作人才建设、社会工作实践服务、社会工作者薪酬待遇、政府购买社会工作服务、社会工作服务组织发展等问题对四川省民政系统有关机构及其工作人员、社会工作服务机构及其一线社会工作者、四川省开设社会工作专业的高校有关师生、四川省城乡有关社区及人员等进行了广泛深入的调查研究。该研究对社会工作本土化的内涵、原因和维度，中国社会工作发展成果与社会工作本土化的主要问题，四川省社会工作发展成果与现实挑战等进行了全面的分析，提出了四川省社会工作健康发展推进策略，为促进四川省社会工作健康发展提供决策参考。

尽管从社会工作的本质属性——助人性来看，中国历史上曾出现过大量的本土性社会工作实践，但今天我们谈及的社会工作更多指向现代意义的社会工作。从全球视角来看，现代意义的社会工作作为一门成熟而又独立的学科，极其强调学科

① 该课题受四川省民政厅 2020 年委托四川大学中国西部反贫困研究中心重大项目“社会工作中国化的理论和实践”资助。编者在此一并致谢四川省民政厅和课题组成员。

性、专业性、行业性和职业性。本书所讨论的社会工作本土化是指西方社会工作的中国化，特别是西方社会工作在中国境内的本土化。

一、社会工作的起源与发展

（一）社会工作的西方起源

西方近代以来的社会工作发展经历了早期的社会工作实践及专业社会工作在西方的发展两个主要阶段。

1. 早期的社会工作实践

早期的西方社会工作实践有一定的思想基础和深刻的时代背景。从思想基础来看，古希腊、古罗马时期的助人思想，基督教的博爱思想，文艺复兴运动的人道主义和从“个人责任观”向“社会责任观”转变的社会福利观念成为西方社会工作产生的思想源泉。从时代背景来看，工业革命在欧美的推进、市场经济的发展，导致社会经济结构的巨大变化和各种社会问题的频繁出现，如严重的失业和贫困问题，这成为社会工作产生的时代背景。西方各国早期的社会工作实践，主要涉及英国、德国、美国近代以来的一些比较著名的贫民救助事件。例如，英国针对严重的贫困问题，于 1601 年颁布济贫法。德国为解决日益严重的贫民问题，于 1788 年在汉堡市实行汉堡制的救济制度，并于 1852 年在爱尔伯福市仿效并改良汉堡制，实施爱尔伯福制。19 世纪中后期，由于工业化的迅速推进，贫民、失业者人数开始大增，济贫法日益显露局限性，各种具有不同目标的慈善组织纷纷出现，募集捐款、救济贫民，但组织各自为政，造成了不少混乱与浪费。为纠正这种不良现象，索里牧师参考汉堡制及爱尔伯福制的做法于 1869 年在伦敦成立了第一个协调政府与民间组织开展各种慈善活动的社会服务组织——慈善组织会社。随后，英国其他大城市纷纷仿效，其影响甚至跨越国界，到达美国。1877 年美国水牛城出现全美第一家慈善组织会社，其后此类组织在其他城市也相继建立。同时，被称为社区改良运动的睦邻组织运动出现，1884 年东伦敦教区牧师巴涅特建立了一个大学社区睦邻服务中心，取名汤因比馆，即社区服务中心。汤因比馆成立后，睦邻组织运动迅速推广，不仅成为英国社会改良运动的一种新潮流，而且成为世界上许多国家的社区改造运动，其中，美国社区改造运动的发展最为迅猛。

2. 专业社会工作在西方的发展

19 世纪末 20 世纪初，西方社会工作进入专业化、制度化发展阶段。专业社会工作在西方的发展经历了以下三个阶段：

第一阶段为专业社会工作的产生及初步发展阶段（19 世纪末至 20 世纪初）。19 世纪中后期，起源于英国并活跃于欧美的慈善组织会社通过友好访问员开展工作，被视为专业社会工作的萌芽。美国最早开始这方面训练的机构是纽约慈善学院，1898 年，该院开办了一个为期六周的暑期训练班，训练带薪的友好访问员。1915 年，费勒克斯讷在美国慈善与矫治委员会大会上做了题为《社会工作是一种专业吗?》的学术报告，为社会工作的专业化指明了方向。1917 年，芮奇蒙德出版《社会诊断》一书，这成为专业社会工作发展史上的一个具有里程碑意义的事件。

第二阶段为专业社会工作的三大专业方法相继形成阶段（20 世纪 20 年代至 50 年代初）。《社会诊断》一书奠定了个案工作的方法论基础。20 世纪 20 年代至 40 年代，个案工作方法仍然是开展社会工作的主要方法。不过，由于弗洛伊德精神分析心理学的发展及其向社会工作领域的渗透，社会工作者不再只是关心贫民的慈善布施者，同时也是关注并能解决个人心理问题或治疗心理病症的社会医师。在个案工作方法得到不断发展的同时，团体工作方法在 20 世纪 30 年代开始形成并受到重视。1930 年，柯义尔出版的《组织群体的社会过程》一书奠定了团体工作的学理基础。1946 年，团体工作方法开始被作为和个案工作方法同等重要的方法看待。社区工作方法的形成及社会工作专业方法的地位的确立相对要晚一些，1946 年召开的美国社会工作会议成立了社区组织研究协会，但直到 1950 年，社区工作方法才被正式列为社会工作专业方法之一。

第三阶段为社会工作专业方法的整合阶段（20 世纪 50 年代末至今）。社会工作专业方法各自发展及过于分化，使其弊端日益显现。为推动社会工作的进一步发展，使社会工作专业方法更加适应社会及案主的现实需要，自 20 世纪 50 年代后期起，人们要求将社会工作专业方法加以整合。以案主问题为中心，全面、灵活地运用社会工作专业方法的呼声开始高涨，从而使专业社会工作的发展进入了一个新阶段①。

（二）社会工作的中国引入

作为应对社会问题和满足民众社会需求的专业和职业，社会工作在西方国家发展的过程中开始慢慢被引入中国。在西方传教士的主要影响下，1917 年沪江大学社

① 李迎生. 西方社会工作发展历程及其对我国的启示［J］. 学习与实践，2008（7）：120-127.

会学系创建了著名的沪东公社，开设了社会病理学等社会工作相关课程，开启了中国社会工作发展之路。1922 年，燕京大学社会学系创立，1925 年改称社会学及社会服务学系，开设“个案工作”“团体工作”“社会行政”“精神健康社会工作”“社会福利”等课程，培养了我国第一代社会工作者，揭开了我国社会工作教育的序幕。中华人民共和国成立之后，在 1952 年的全国院系大调整中，社会工作专业及其课程被取消。经过了 36 年的漫长“断裂”期，1987 年的马甸会议论证了专业社会工作对中国社会福利事业改革与发展的必要性，确认了社会工作专业的学科地位。马甸会议上，民政部与北京大学达成协议，由民政部资助北京大学 100 万元，在社会学系开设社会工作专业。1989 年秋季，北京大学招收社会工作与管理专业本科生，同时招收该专业方向的硕士研究生，这标志着中国境内的社会工作教育正式恢复重建[①]。跨越了恢复重建阶段的中国社会工作，受 1999 年全国高等院校普遍扩大招生的影响，进入了快速发展期。自社会工作教育恢复重建以来的三十多年，无论是从开设社会工作专业的院校规模来看，还是从社会工作专业人才培养数量及社会工作专业服务实践来看，中国境内的社会工作取得了迅猛的发展。

二、何为社会工作本土化?

社会工作本土化议题是如何产生的？正如前文所述，现代意义的社会工作发端于英国，发展于美国等西方国家。同任何事物的发展一样，社会工作是一个不断变化、演进和自我建构的专业、职业与行业。这种变化、演进和自我建构具有明显的时空性。20 世纪 70 年代，中国学界开始质疑美国社会工作服务模式在发展中国家的适应性问题，提出了社会工作本土化的概念。发端于英国、发展于美国的社会工作在传播到其他不同国家的过程中，都经历了引入国对其进行本国化或本土化的发展过程。

何为社会工作本土化？20 世纪 80 年代，中国境内再次引入社会工作，引入时西方社会工作已发展近一个世纪。社会工作作为舶来品，带有产生和发展之国浓厚的经济、政治、社会、文化与制度等气息，而中国拥有自己特有的政治制度、经济制度、文化形态和社会基础，因而“进口”的社会工作来到中国之后存在“水土

① 刘振．“本土化”抑或“土生化”：中国社会工作百年回眸［J］．社会与公益，2018（6）：88-89.

不服”的问题，需要完成在中国的本土化或本国化。社会工作本土化是指从欧美国家引入中国境内的社会工作需要适应中国情境，在中国的文化土壤里落地生根，不断调适，成为适合中国情境的中国特色社会工作，积极回应中国社会需求，有效解决中国社会问题。社会工作本土化强调的是外来社会工作根据中国综合生态状况，不断进行调整和植根。社会工作本土化的本质是将发源于西方的社会工作引入中国，并使其同中国的社会福利制度及助人系统进行碰撞、对接、调适。

关于社会工作本土化，需要说明的是：一是从社会工作本土化的区域来看，社会工作本土化主要是指社会工作在中国境内的本土化；二是从社会工作本土化的广义内容来看，基于西方社会工作学科的成熟性和独立性，社会工作本土化更多的是对社会工作形式的本土化，而不是对社会工作本质的本土化；三是从社会工作本土化的实质来看，社会工作所面对的服务对象是身处不同文化场域的具有个体差异的人，因而社会工作本土化是社会工作处境化的表现。

三、社会工作为何要本土化?

现代意义的社会工作不是发源于中国的。众所周知，现代意义的社会工作起源于英国，发展于美国。这种“进口”到中国的社会工作有其“出口国”突出的政治制度、社会基础和文化烙印等元素，中国作为“进口国”有不同于欧美国家的特有政治制度、经济制度、社会基础和文化基础，制度和文化的差异迫切需要社会工作本土化。

社会工作面对的服务对象是人。社会工作不同于很多以物为服务对象的工作，它所面对的服务对象是活生生的人，尤其以贫困弱势群体为主，助力服务对象能力的提升，解决服务对象的困难，提高服务对象的生活质量。人作为文化属性突出的个体，具有很强的情感性和情境性，为此，社会工作极其强调“人在环境中”的专业理念和“人与环境共变”的专业方法。生活在中国环境中的人们有着同欧美国家的人们不同的生活情境，因而在文化观念、助人体系、求助方式等方面与欧美国家的人们相比，有较大差异。服务对象的“情境性”“场域性”迫切需要社会工作本土化。

没有社会工作的本土化就没有中国社会工作的专业化。专业社会工作一般有五个基本特征：一个理论体系、专业的权威、共同遵守的伦理守则、社会或社区的认可、专业的文化。换言之，产生于西方的专业社会工作只有不断进行本土化，不断与中国文化进行碰撞和调适，形成符合中国文化特性的专业属性才能获得中国社会大众的认可，才能在中国有生存和发展的空间。反之，西方专业社会工作未能在中国本土化则会使专业社会工作的发展成为纸上谈兵及产生边界模糊问题，也将严重影响社会大众对社会工作职业和行业的认可度与接纳度。一言以蔽之，没有社会工作的本土化就没有中国社会工作的专业化。

四、社会工作本土化的维度

社会工作本土化具有宏观性、复杂性和过程性的典型特征。从社会工作的结构来看，社会工作本土化主要有如下三个维度：

一是价值理念的本土化。价值理念的本土化主要涉及西方社会工作的价值理念与中国主流社会福利理念之间的差距与衔接，涉及如何不断提高两者之间的契合程度的问题。

二是实务理论的本土化。实务理论的本土化主要涉及社会工作实务理论知识在当地社会环境中和社会福利政策下发挥作用的空间和受到约束的障碍，涉及如何积极研究并积累符合本地需求的相关理论，涉及不断修订和完善本土性社会工作实务理论知识等问题。

三是实务技巧的本土化。实务技巧的本土化主要涉及社会工作的通用实务技巧与中国服务对象需求满足之间的匹配，涉及如何有效服务中国服务对象的规范程序、方法和技巧问题①。

在厘清社会工作本土化的维度基础上，我们必须清楚认识到中国境内社会工作的本土化应采取依靠原有体系、注重生活文化的策略。中国境内社会工作的本土化依靠政府，工会、共青团、妇联等群团组织及工作单位等原有的社会保障和服务体系。对原有的社会保障和服务体系的依靠要求社会工作本土化在如下几个方面做出努力：

第一，对从事实际社会工作的干部进行专业培训，实现国际社会工作经验与本土性社会工作经验的比较和碰撞。

第二，分析国际社会工作经验与本土性社会工作经验之异同，找出它们的相似

① 何志宇，梁建雄，何雪松，等. 社会工作本土化之源起［J］. 中国社会工作，2007（3）：13-14.

之处，增强它们之间的亲和性。

第三，在此基础上开展社会工作实践，增强两者之间的相容性，以实现优势互补。

中国境内社会工作的本土化要注重生活文化，是指社会工作说到底是对具体个人的帮助，是通过外部援助使有困难的人摆脱困境，因此助人方法要使受助者能够和乐于接受，助人效果要由受助者来评判①。

从社会工作本土化的目标来看，社会工作参与国内社会福利制度建设并成为制度的有机组成部分是社会工作本土化的重要目标。社会工作本土化应在借鉴和批判西方社会工作方法的基础上使之融入中国现实社会。从这个角度来看，衡量社会工作成功本土化的标准有两个：一是国内社会福利制度对社会工作的接纳和认可，二是社会工作对国内社会福利需求的敏感和回应②。

前文所提及的社会工作本土化的价值理念维度、实务理论维度和实务技巧维度带有分类维度的逻辑性，但后文利用此维度对中国和四川省社会工作发展成果与社会工作本土化的主要问题（挑战）的分析略显宏观，故后文将从反映三大维度的社会工作教育与社会工作人才队伍、社会工作实践与社会工作组织机构、社会工作研究与社会工作政策和制度层面对社会工作行业、职业和学科进行成果介绍和问题分析。

① 王思斌. 试论我国社会工作的本土化［J］. 浙江学刊，2001（2）：57-61.

② 何志宇，梁建雄，何雪松，等. 社会工作本土化的内涵［J］. 中国社会工作，2007（2）：14-16.

第二章　中国社会工作发展成果与社会工作本土化的主要问题

一、中国社会工作发展成果

自社会工作教育在中国恢复和重建以来，三十多年来社会工作实现了迅猛发展。尤其在21世纪的第二个十年，社会工作在经历不断本土化与制度化的嵌入过程中，形成了一系列具有中国特色的经验与模式。本章从社会工作教育与社会工作人才队伍、社会工作实践与社会工作组织机构、社会工作研究与社会工作政策和制度三大层面对中国社会工作发展成果进行初步总结。

（一）社会工作教育与社会工作人才队伍

1. 社会工作教育

中国的社会工作呈现出明显的教育先行特征。1988年，北京大学、中国人民大学、吉林大学在国家教育委员会的批准下设置社会工作与管理本科专业，这标志着社会工作教育在我国的全面恢复和重新启动。社会工作教育在中国恢复和重建以来，无论是在学科体系设置上还是在专业人才培养上均实现了迅速发展。1994年，在教育部的支持下，中国社会工作教育协会（CASWE）成立，这是一个以推进社会工作教育和专业社会工作发展为目的的非营利性组织。在雷洁琼、袁方、王思斌等社会工作专家的推动下，截至1999年，开展社会工作教育的高校增至39所。伴随着1999年高校扩招政策的实施和教育部对本科专业审批权的下放，设置社会工作专业的院校数量迅猛增加，从1999年的三十余所迅速增至2005年的一百余所。2006年，党的十六届六中全会通过《中共中央关于构建社会主义和谐社会若干重大问题的决定》，提出要建立宏大的社会工作人才队伍。受此影响，越来越多的院校增设社会工作专业。截至 2020 年 10 月，中国共有 348 所大学开设了社会工作本科专业，156 所大学和教育单位培养社会工作专业硕士，17 所高校开展社会工作博士点教育，全国高校每年培养 4 万名左右的社会工作专业学生。

2. 社会工作人才队伍

中国社会工作人才队伍主要包括三大组成部分：一是社会工作专业学历教育所培养出来的社会工作专业毕业生，二是各领域中参加过社会工作专业培训的本土性社会工作人员，三是持有助理社会工作师证、社会工作师证和高级社会工作师证的人员。2006 年，人事部、民政部联合印发了《社会工作者职业水平评价暂行规定》和《助理社会工作师、社会工作师职业水平考试实施办法》，这标志着我国社会工作者作为一种职业类别正式得到了国家层面的制度确认。2010 年，中共中央、国务院印发的《国家中长期人才发展规划纲要（2010—2020 年）》将社会工作人才队伍列入国家重点发展的六大人才队伍之一。国家对社会工作人才的重视掀起了社会大众对全国社会工作者职业水平考试的持续报考热潮（见图 2-1）。截至 2019 年年底，全国持证社会工作者共计 53. 3 万人，其中社会工作师 12. 8 万人，助理社会工作师 40. 5 万人（见图 2-2）。除持证社会工作者之外，每年国家和地方组织各类型社会工作专业人才培训。2018 年全国共有 135. 2 万人参加各领域、各类型社会工作专业人才培训，较 2017 年增长 98%。其中，浙江省、河南省、广东省、四川省培训社会工作专业人员超过 15 万人次。

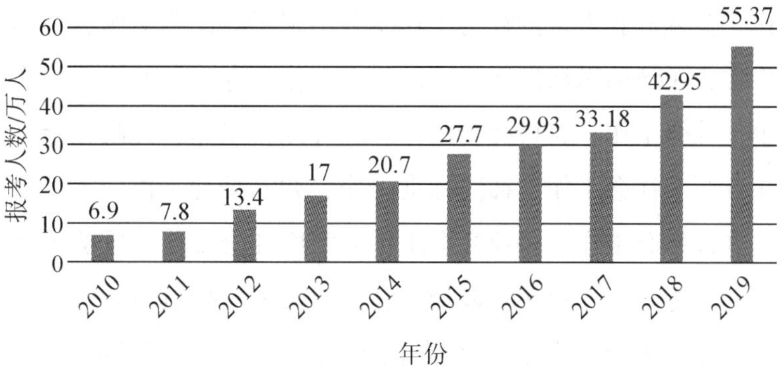

图 2-1　2010—2019 年全国社会工作者职业水平考试报考人数

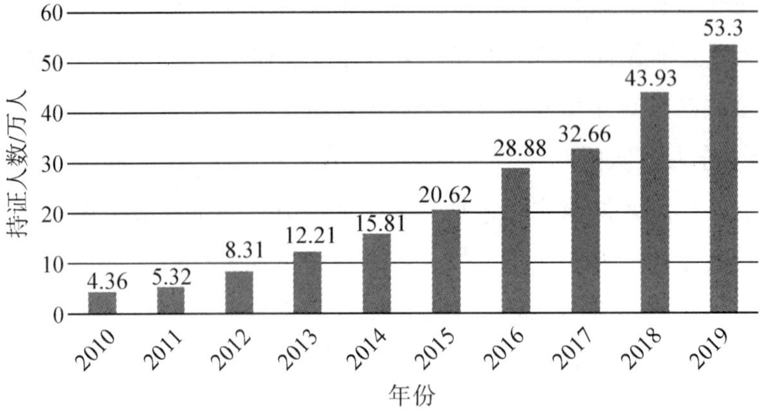

图 2-2　2010—2019 年全国持证社会工作者人数

（二）社会工作实践与社会工作组织机构

1. 社会工作实践

社会工作实践是一种承载着关怀价值的道德实践。从社会工作的助人属性来看，中国历史上早已存在大量的社会工作实践案例。就现代社会工作而言，社会工作实践的开展早于社会工作教育，而在中国，现代意义的社会工作实践却晚于社会工作教育。社会工作实践在很大程度上取决于社会问题和社会需求。三十多年来，在中国社会工作教育的迅猛发展下，在中国社会建设和社会治理的引领拓展下，众多的社会工作实务领域和大量的社会工作实践出现了。社会工作实践的深化助推了中国社会工作实务领域的纵深发展。中国社会工作教育协会下属专业委员会已经有了学校与青少年社会工作、农村社会工作、医务社会工作、民政社会工作、残障与康复社会工作、儿童社会工作、移民社会工作、妇女社会工作、灾害社会工作、司法社会工作、老人社会工作、企业社会工作、家庭社会工作、反贫困社会工作、社会工作与社会治理等多个专业实务领域。社会建设和社会治理的时代要求也带动了中国社会工作实践的发展，产生了多样化的中国社会工作实践模式。在 2010 年之前，上海市、广东省等地陆续尝试在司法、残疾人服务、社区矫正、青少年服务等领域开展政府购买社会工作服务，并形成了政府规划项目、出资委托社会工作服务机构运作的上海模式；政府出资购买、社会组织承办的广东模式①。

---

① 闵兢，梁祖彬，陈丽云，等. 我国社会工作教育的历史轨迹与范式转向［J］. 社会建设，2019（5）：32-39.

（1）上海模式。

第一，从社会工作服务内容来看上海模式。经过二十多年的探索实践，政府规划项目、出资委托社会工作服务机构运作的上海模式初步形成。1993年2月，上海市民政局在境内率先成立了省级社会工作行业组织——上海市社会工作者协会。1996年3月，浦东新区尝试委托社会工作组织负责运营社区服务机构，接着又引进境内首批社会工作专业毕业生充实到基层社区，在民政、教育、卫生等领域陆续设置社会工作岗位。2004年，专业社会工作正式在全市范围内推广，上海市民政局会同有关部门对社会福利、社会救助、社区建设、婚姻家庭、精神康复、社区矫治、禁毒戒毒、青少年事务等领域的社会工作岗位配置做了明确规定。上海市围绕职业资格、注册管理、继续教育、职业伦理等关键环节，率先建立了促进社会工作发展的职业制度。社会工作职业制度建设于2003年全面启动，上海市首先将社会工作者归入专业技术人才管理范畴，出台了《上海市社会工作者职业资格认证暂行办法》；然后对取得社会工作者职业资格的人员进行注册管理，出台了《上海市社会工作师（助理）注册管理试行办法》；紧接着举行了境内首次社会工作者资格考试，此举引起社会广泛关注，并入选当年度“全国民政十大新闻”。为提升社会工作者的职业素养，规范社会工作者的职业操守，2004年上海市又制定了《上海市社会工作者继续教育暂行办法》和《上海市注册社会工作者守则》；同年，研究制订的《社会工作者国家职业标准》经国家有关部委批准并颁布。上海市社会工作职业制度建设的前期探索，为2006年全国社会工作者职业水平评价制度的建立提供了借鉴。

上海市在社会工作发展的初期，就着眼于服务民生和社会治理。2004年，上海市民政局下发文件，在社区服务、社会福利、社会救助等民政工作领域开展专业服务；上海市政法系统以政府购买社会工作服务的方式，在全市范围内开展禁毒戒毒、社区矫正、刑释解教人员安置帮教、负责青少年事务等社会工作服务。此后，上海市社会工作积极回应社会现实需求，开展对老年人、残疾人、妇女儿童、青少年、来沪人员、统战对象等群体的专业服务，拓展犯罪预防、“城中村”治理、大型居住区社区营造、少数民族社区融合等社会治理领域的社会工作，社会工作服务逐步涵盖社会福利、社区建设、社会救助、婚姻家庭、职工帮扶、医疗卫生、犯罪预防、统一战线、灾后服务等二十多个领域。

在培育社会工作人才队伍方面，为适应社会发展的需要，上海高校从20世纪90年代开始设立社会工作专业，培养社会工作专业人才，华东理工大学、复旦大学等先后开始招收社会工作专业本科生。2000 年 5 月，上海市成立了全国第一家专门开展社会工作岗位培训的机构——上海市社会工作培训中心。在党的十六届六中全会提出“建设宏大的社会工作人才队伍”战略部署后，上海市加大社会工作专业人才队伍建设的力度。一方面，依托华东理工大学、复旦大学、华东师范大学等 17 所高校，抓好社会工作专业人才源头培养，每年培养近千名社会工作专业人才；另一方面，每年实施“专业技术人才知识更新工程”，抓好社会工作人才的继续教育。2013 年以来，上海市连续实施“上海市专业社会工作高级人才培养计划”“百名社工督导培养项目”，着重培养社会工作领军人才和社会工作督导人才。

第二，从社会工作岗位开发来看上海模式。从 2004 年开始，上海市社会工作实践进入新阶段，全市性社会工作行政管理主管机构和专业机构的成立是其重要标志。2012 年以来，在上海市社会工作岗位的开发中，社会工作服务机构日益增多，覆盖了实务、培训、研究、评估等领域。2012 年，《中共上海市委办公厅、上海市人民政府办公厅关于推进本市社会工作人才队伍建设的意见》指出，要为社会工作配置服务岗位，即根据不同领域、不同服务对象的类别和规模，科学规划，有区别、按比例地开发和配置社会工作岗位，为社会工作提供更加稳定的服务阵地和更加广阔的服务空间。上海市鼓励党政机关、行政事业单位等，通过岗位调整，增设专门的社会工作岗位，配备专职或兼职社会工作者，不断提高本单位社会工作服务的专业化、职业化水平。上海市倡导开发企业社会工作岗位，发挥企业社会工作在提高员工社会福利、改善劳资关系、提升人力资源管理水平等方面的积极作用。

第三，从社会工作最佳实践来看上海模式。禁毒社会工作和医务社会工作已成为上海市社会工作发展的两大特色领域和最佳实践。上海市作为全国禁毒社会工作技术的发源地，早在 2010 年就提出了对吸毒人员开展分类评估，并根据分类评估的结果整合社会各有关资源部门开展综合干预的设想。2010 年，上海市禁毒办颁布了《上海市社会面吸毒人员分类评估和综合干预工作暂行办法（草案）》，指出分类评估是指根据社会面吸毒人员的现状划分类别，并对其现实表现、生存状态、主观态度、身体状况等情况进行全面了解和综合评价。2018 年，上海市社会工作在上海市吸戒毒家庭危机干预项目中对戒毒康复社会工作服务进行了“双延伸”：一是延伸服务时间，提供 24 小时戒毒咨询热线，让更多戒毒人员在有需要的时候能及时获得帮助；二是延伸服务人群，依托戒毒咨询热线，将隐性吸毒人员、城市流动人口中的吸毒人员纳入禁毒社会工作个案管理服务范围。与其他领域相比，上海市医务社会工作起步相对比较晚。鉴于医务社会工作的特殊性，其服务理念相对超前。医务社会工作需着重战略规划，坚持政府主导，注重专业发展，不断反省修正。经过二十多年的发展，上海市医务社会工作已经走在全国的前列。上海市医务社会工作秉承坚持政府主导，各方参与；坚持因地制宜，循序渐进；坚持专业服务，改革创新的原则正在全面推进。坚持需求导向，注重循证实践，不断深入探索实务，上海市医务社会工作依靠卫生主管部门的战略布局和大力推动，在全国始终处于领先地位。上海市医务社会工作将病人的需求、社会的需求和医院的需求有机结合起来，将社会工作专业的理论、方法和精神融入医疗服务当中；将人文关怀、公平正义、社会和谐等理念贯彻于具体工作中，在专业化发展的道路上前进了一大步。上海市医务社会工作坚持以专业为本，注重队伍建设，不断加大人才培养力度。上海市卫生系统按照培养造就数量充足、结构合理、素质优良的社会工作人才队伍建议，稳步推进人才培养工作，在医疗机构岗位设置的指导性意见中，明确医疗机构可设定“医务社工”岗位，将其归入其他专业技术类，并纳入编制管理。医务社会工作者在学习西方理论、借鉴海外成功经验的同时，进行了有效的、适合国情的本土化探索和研究。

（2）广东模式。

第一，从广东省社会工作优势领域来看广东模式。广东省社会工作因区位条件的优势而发展得较早，在医务社会工作、司法社会工作、社区社会工作等领域形成了值得推广借鉴的广东模式，尤其是社区社会工作，更是走在全国前列。在医务社会工作方面，从 2008 年起，深圳市开始大力发展医务社会工作。深圳市深受香港特别行政区社会工作模式的影响，积极模仿其发展模式，形成了以“政府推动、民间运作”为主要特征的深圳社会工作体系。深圳市成立了社会工作领导小组（后更名为社会工作联席会议），该小组由市委、市人民政府分管领导和组织部部长分别担任正副组长，市各主要部门和各区为成员单位，市民政局成立了社会工作处，充实和增强了深圳市社会工作协会的力量，政府以购买医务社会工作岗位或项目的形式促进了医务社会工作的发展，也极大地激发了社会民办专业化社会服务机构发展的积极性。此外，深圳市初步建立了一线社会工作者-督导助理-初级督导的职业晋升体系，构建了社会工作培训制度体系、督导体系、评估体系、监督投诉体系等，已经形成了一套相对完整的医务社会工作服务体系。在城市社区治理方面，2011 年 7 月，中国共产党广州市第九届委员会第十一次全体会议决定全面加强街道、社区服务管理改革创新工作，力争 10 年将社区建成市民的“幸福港湾”。2008 年以来，广州市在广东省率先进行社会服务管理体制改革创新，先后在 14 个街道开展执法、管理、服务“三位一体”的改革试点，在20个街道开展家庭综合服务中心建设试点，以街道、社区为突破口，推动城乡基层社会服务管理改革创新，探索建立街道“三中心一队伍”（政务服务中心、综治信访维稳中心、家庭综合服务中心和综合执法队伍），推进街道建设“五个一工程”（一个家庭综合服务中心、一个文化活动中心、一个体育休闲场所、一个卫生服务中心、一个视频监控系统）。2008年，广东省把社区服务管理创新作为加强和创新社会管理的突破口，大胆先行先试。2011年4月，广州市全面开展社区改革，推进街道家庭综合服务中心建设，加快构建具有广州特色的新型社区管理服务模式，做到小事不出社区、大事不出街道。目前广州市已经初步形成了独具特色的社区管理模式，其中通过政府购买引导各类社会资源投入公益服务及设置社会工作员等具有创新性。家庭综合服务中心是政府购买社会工作服务为社区居民提供基本社会工作专业服务的平台，是专业社会工作人员的“聚宝盆”。在农村社区治理方面，2017年，广东省民政厅为打破广东省社会工作区域发展不平衡的瓶颈，推动粤东西北地区社会工作发展而提出“双百计划”。该计划从2017年开始实施，分两批建设407个镇（街）社会工作服务站，每个社会工作站配备3~8名社会工作者，由镇（街）直接聘用，省统一督导，以从根本上改变该区域社会工作力量薄弱的现状。“双百计划”自实施以来，在壮大社会工作人才队伍、发展农村社会工作服务方面取得了良好效果。在实施过程中，社会工作在以社区为本的理念指导下，逐步探索出符合本土发展的实务经验和实务模式。

第二，从广东省社会工作发展经验来看广东模式。其基本经验可以概括为政府主导下的社会工作组织发育与购买社会工作服务。广东省社会工作发展的重要抓手是依靠社会工作组织，推动专业服务。其中的核心是政府转变职能、让渡空间，通过购买社会工作服务，推动社会问题解决和社会工作人才队伍建设。2011年以来，广东省委、广东省人民政府出台《关于加快推进社会体制改革建设服务型政府的实施意见》，切实转变政府社会管理职能。2012年4月25日，广东省委、广东省人民政府出台《关于进一步培育发展和规范管理社会组织的方案》，明确指出除法律法规规定的需要前置审批的外，2012年7月1日起，社会组织的业务主管单位均改为业务指导单位，由此各地纷纷通过简化登记程序、安排专项资金扶持等方式培育发展民办社会工作服务机构。2012年5月，广东省人民政府印发《政府向社会组织购买服务暂行办法》的通知，推动各级政府向社会组织购买服务。广东省正是通过转变政府职能，培育社会工作组织，让渡社会空间，使专业社会工作得以快速发展。在购买社会工作服务方面，广东省结合各地实际状况，逐步形成政府出资购买、社会组织承办的社会工作服务输送体系。政府在购买社会工作服务的实践中又形成了购买岗位和购买项目两种模式。

2. 社会工作组织机构

社会工作组织机构是实施社会工作教育、开展实践的载体与平台。2003 年，我国第一家非政府性质的专业社会工作服务机构——上海乐群社会工作服务社在浦东成立；同年，我国第一家区级社会工作行业协会——浦东新区社会工作协会也在上海成立。在国家社会工作相关政策法规的不断推动下，社会组织和社区建设蓬勃发展，社会工作专业教师领办社会工作服务机构成为社会工作本土化的独特尝试。紧随其后，深圳、东莞、广州、北京、南京、郑州、武汉等地的高校也相继开办了社会工作服务机构。从《中国社会工作教育的发展》一书中呈现的数据来看，42.9% 的高校开办了社会工作服务机构，这是中国社会工作教育先行的本土化表征[①]。从社会工作专业岗位来看，截至 2018 年年底，各地的城乡社区、相关事业单位和社会组织等共设置了 38.3 万个社会工作专业岗位，建立全国社会工作服务站已达 5.1 万个（见图 2-3）。从社会工作行业协会发展来看，截至 2018 年年底，全国 34 个省级行政区、241 个地市级、592 个县已有社会工作行业协会共计 867 个（见图 2-4）。从社会工作服务机构来看，截至 2018 年年底，全国各地共成立社会工作服务机构 9 793 家（见图 2-5），其中浙江省达到 432 家。2017 年，江苏省、浙江省、四川省的民办社会工作服务机构均达 500 余家。

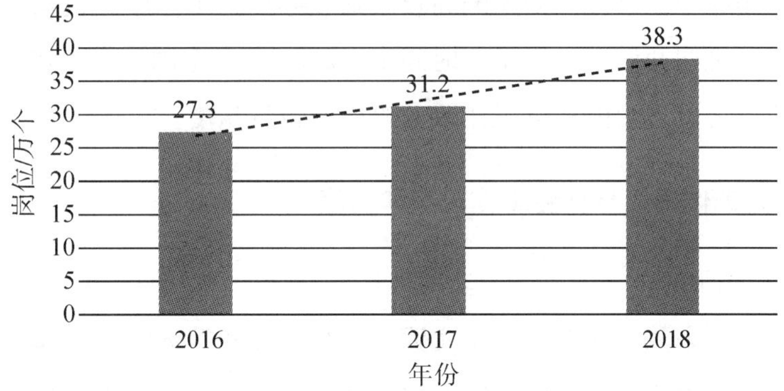

图 2-3　2016—2018 年全国社会工作专业岗位设置数量

---

① 闵兢，梁祖彬，陈丽云，等. 我国社会工作教育的历史轨迹与范式转向 [J]. 社会建设，2019（5）：32-39.

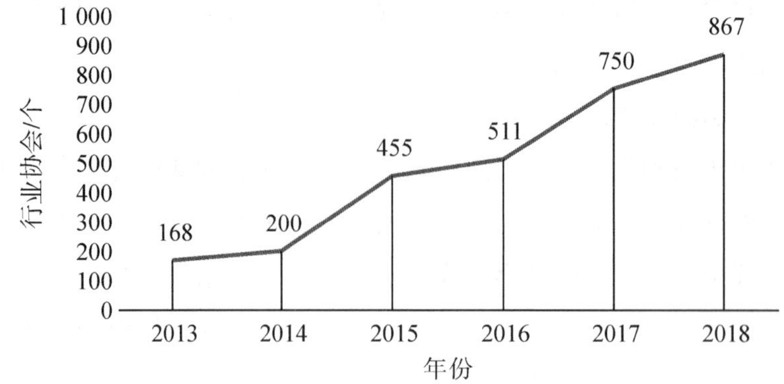

图 2-4　2013—2018 年全国社会工作行业协会发展趋势

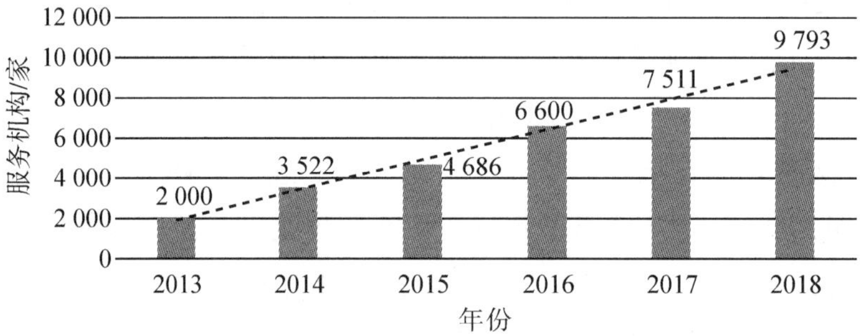

图 2-5　2013—2018 年全国社会工作服务机构发展趋势

我国的社会工作服务机构在发展过程中有两大变化趋势：一是在最初的社会工作服务机构的领办中，呈现出明显的高校教师领办社会工作服务机构的特征；二是在社会工作服务机构开设数量的暴增时间上，2008 年是全国社会工作服务机构的暴增年，汶川地震之后，国内社会工作服务机构的数量猛增。

（三）社会工作研究与社会工作政策和制度

1. 社会工作研究

社会工作研究来源于实践又高于实践，也是引导和助推社会工作本土化和专业化的有效途径。中国的社会工作研究者主要集中于高校，以著作、论文和研究报告为主要产出。从 1988—2020 年的学术论文发表情况来看，课题组以“社会工作”为主题词在中国知网查寻到论文共计 27 749 篇，其中在中文社会科学引文索引（CSSCI）期刊上发表的论文有 3 092 篇，占查寻到的论文总数的 11. 14%；以“社会学”为主题词在中国知网查寻到论文共计 37 903 篇，其中在 CSSCI 期刊上发表的论文有 12 315 篇，占查寻到的论文总数的 32. 49%（见表 2-1）。图书出版和史料汇编经历了对西方社会工作相关著作的照抄照搬到西方社会工作与中国本土性社会工作的结合再到对中国本土化社会工作的探索三个阶段。例如，彭秀良出版的《守望与开新：近代中国的社会工作》一书，系统梳理和研究了中国近代社会工作史；孙志丽出版的《民国时期专业社会工作研究》一书，探寻了中国专业社会工作发展的基础、动力因素和生成机制；王春霞出版的《民国时期医院社会工作研究》对民国时期医院社会工作的全景进行了梳理；在王思斌、彭秀良等人的推动下，河北教育出版社和中国社会工作教育协会先后联合策划出版了《社会工作学术文库》（第一辑、第二辑），对《现代社会事业》《社会工作导论》《边疆社会工作》《社会政策》《医院社会工作》《区位儿童福利个案工作》《北平协和医院社会工作档案选编（1921—1950）》《民国时期社会法规汇编》等民国时期的社会工作重要文献进行了再版、重印；在徐永祥、彭秀良、刘军等人的策划下，华东理工大学出版社于2019年出版了《中国社会工作史料汇编》（第一辑），涉及《社会救济》《精神病之社会的因素与防治》《社会事业与社会建设》等图书[①]。同时，我们也注意到，新时期中国社会工作的拓荒者——卢谋华先生自觉将社会工作理论运用到民政领域，积极总结并提炼中国民政工作经验，编写《民政概论》，出版《中国社会工作》。

表 2-1　1988—2020 年主题词为“社会工作”“社会学”等的学术论文发表情况

主题词	所有期刊论文/篇	CSSCI 期刊论文/篇	CSSCI 期刊论文占比/%
社会工作	27 749	3 092	11. 14
社会学	37 903	12 315	32. 49
社会工作理论	815	175	21. 47
社会学理论	2 069	751	36. 3
社会学方法	395	138	34. 94
社会工作方法/技巧	133	10	7. 52
社会工作价值观/理念	203	39	19. 21
社会工作实践/实务	1 579	284	17. 99

注：数据截至 2020 年 9 月 19 日。

① 萧子扬. 探寻中国社会工作的历史线索和历史品格：兼评《中国社会工作史简明教程》一书[J]. 重庆工商大学学报（社会科学版），2020（4）：86-93.

以“社会工作”为主题，课题组将来源类别设置为“中文核心”与“CSSCI”，将时间设置为2008—2018年，对中国知网（CNKI）进行高级检索，经过筛选和比较，删除会议通知、重复文件后，共得到2 373篇有效论文。2008—2018年，中国社会工作研究论文的发表数量整体趋于平稳，平均每年的论文数量在200篇以上；2008—2009年，论文数量呈上升趋势；自2013年以来，论文数量出现了小幅波动（见图2-6）。从社会工作研究热词来看，研究主要集中在社区服务、社会治理、民族社会工作等热词上[①]（见图2-7）。

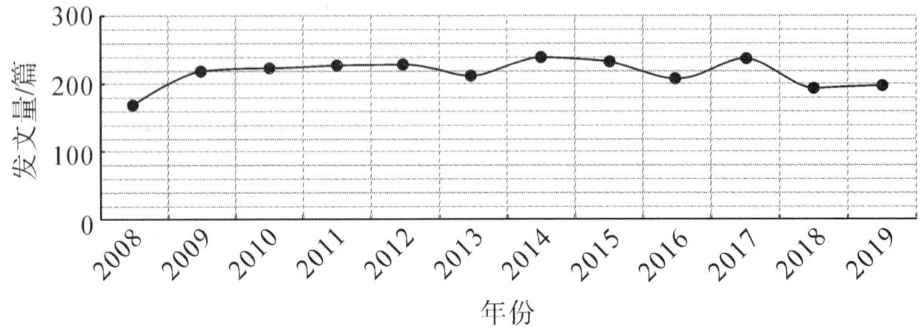

图2-6　2008—2018年中国社会工作研究论文的年际变化

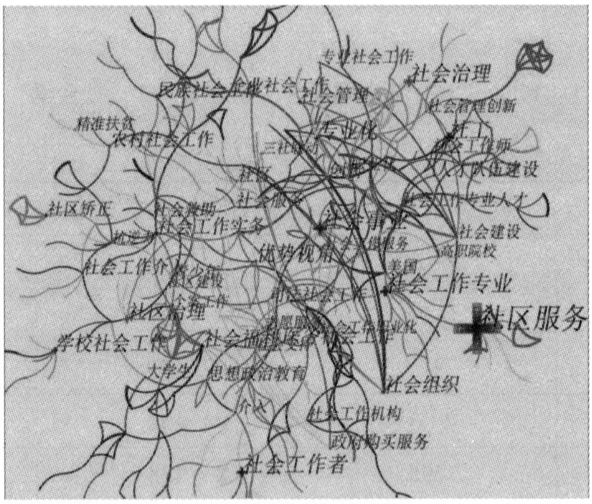

图2-7　2008—2018年中国社会工作研究热词共现图谱

2. 社会工作政策和制度

健全的社会工作政策和制度是社会工作发展成熟的重要表现，也是保障社会工作制度化的重要基础。中国社会工作政策和制度的出台路径是先由上海、广东等社

① 谢建社，朱小练，陆珍旭. 当代中国社会工作研究热点及其趋向［J］. 江汉学术，2020（5）：29-39.

会工作先行地区制定地方性标准，然后国家再出台全国性标准。2004 年，《社会工作者国家职业标准》出台，并在上海试点。2006 年，党的十六届六中全会通过《中共中央关于构建社会主义和谐社会若干重大问题的决定》，提出要建立宏大的社会工作人才队伍。2011 年，中央组织部、中央政法委和民政部等 18 个部门和组织发布了《关于加强社会工作专业人才队伍建设的意见》，这是中央第一个关于社会工作专业人才的专门文件，在我国社会工作发展史上具有里程碑意义。2011 年 6 月 16 日，民政部、国家标准化管理委员会印发《全国民政标准化“十二五”发展规划》，提出在社会工作领域，重点研制社会工作分类与基本术语，社会工作从业人员能力素质标准、服务标准等方面标准，为社会工作服务提供评价标准。2012 年《民政部 财政部关于政府购买社会工作服务的指导意见》发布，提出各级财政要将政府购买社会工作服务经费列入财政预算，从而为政府购买社会工作服务长效机制的建立提供经费保障。2013 年 11 月，全国社会工作标准化技术委员会成立，这是我国第一个社会工作领域的标准化技术委员会。截至 2020 年 10 月，我国有社会工作领域的国家标准 1 项：共青团中央、民政部于 2019 年 6 月 28 日在北京联合发布的《青少年社会工作服务指南》（GB/T36967-2018）；有社会工作行业标准 6 项：《社区社会工作服务指南》（MZ/T 071-2016）、《儿童社会工作服务指南》（MZ/T 058-2014）、《社会工作服务项目绩效评估指南》（MZ/T 059-2014）、《老年社会工作服务指南》（MZ/T 064-2016）、《社会工作方法 个案工作》（MZ/T 094-2017）、《社会工作方法小组工作》（MZ/T 095-2017）。2018 年 3 月，民政部、人力资源和社会保障部联合印发了《高级社会工作师评价办法》，这标志着我国建立了初、中、高级相衔接的社会工作者职业水平评价体系。在国家制定社会工作国家标准和行业标准的同时，各地区也在探索地方性标准的制定。2018 年 7 月 26 日，广东省第十三届人民代表大会常务委员会第四次会议批准了国内首个社会工作服务领域的综合性地方法规《广州市社会工作服务条例》，四川省也积极推动四川省（区域性）地方标准《企业社会工作服务规范》和《社会工作督导服务规范》的制定。为推动社会工作人才建设，2020 年 9 月 28 日，四川省民政厅联合四川省委组织部、四川省教育厅、四川省财政厅、四川省人力资源和社会保障厅等部门印发《社会工作专业人才万人培养工程实施意见》，提出用 5 年时间实施社会工作专业人才培养“三个百千万工程”。

纵观中国的社会工作教育与社会工作人才队伍、社会工作实践与社会工作组织机构、社会工作研究与社会工作政策和制度等情况，可见中国的社会工作取得了跨越式的发展，尤其是在发展速度和发展规模上表现出了强势的劲头。

二、社会工作本土化的主要问题

（一）社会工作教育层面的主要问题

社会工作教育是决定社会工作人才质量、助推社会工作专业化的首要环节。整体来看，中国的社会工作教育相比开展得如火如荼的社会工作实践，面临着发展不平衡、质量不高等多重问题。具体而言，社会工作教育面临的主要问题如下：

1. 社会工作教育发展不平衡

从全国范围来看，社会工作教育存在严重的不平衡现象，一方面表现在东部沿海地区和发达省（自治区、直辖市）发展较快，其他地区发展较慢；另一方面表现在省会城市的社会工作教育发展较快，地市县的社会工作教育发展严重滞后。社会工作教育发展不平衡也引起了社会工作专业人才在地域集聚上的不平衡，不利于社会工作人才的合理流动。

2. 社会工作教育质量不高

社会工作教育质量不高主要表现为所培养的社会工作专业的学生的实务能力不强。从高校自身来看，社会工作专业的教师的质量影响着社会工作教育质量。社会工作专业的教师很多为非社会工作专业出身，具有丰富社会工作实务经验的少之又少，因而在社会工作实习教育过程中表现出重指导、缺督导的问题。从高校外部来看，发展社会工作教育的外部环境不良，尤其是社会工作专业的学生的实习环境不佳。实习机构缺乏有资历的督导且尚未形成教育支持的环境，少数实习机构甚至视实习生为廉价劳动力；学校与实习机构之间没有形成有效的联结，促进专业能力提升的良好生态尚未形成[①]。从发达国家的教育经验来看，专业认证是社会工作教育的重要保障与督导机制。我国目前主要实行政府主导型的高等教育评估制度，认证的权威性不足，认证标准缺乏科学性、系统性，认证程序缺乏合理性，阻碍了社会工作教育的高质量发展。

3. 社会工作专业的课程设置缺乏弹性，教育模式较为单一

社会工作作为舶来品，在我国落地必然面临文化土壤的差异。社会工作专业一味追求统一而又固定的课程设置体系不利于人才培养的多样性和前瞻性，也不利于

---

① 李芳，梁建雄，何雪松，等. 社会工作本土化的教育模式［J］. 中国社会工作，2017（12）：12-13.

社会工作本土化、在地化的探索与发展。不同地区或背景的高校应该经常检视国家、地区层面的社会发展需要和实际发展情况，根据社会工作环境的变化适时调整课程设置体系。从教育过程来看，我国的社会工作教育，模式较为单一，缺乏层次性和特色性，导致培养的人才缺乏竞争力，难以适应社会的多样化需求。

4. 社会工作人才数量不足，队伍稳定性不强

从人才数量来看，我国现有的专业社会工作者的数量距离《社会工作专业人才队伍建设中长期规划（2011—2020 年）》提出的“到 2020 年，我国一线社会工作专业人才总量增加到 145 万人”的目标尚有一定差距；从队伍稳定性角度考量，据全国各省的不完全统计，社会工作者的流失率已普遍接近（部分已超过）20% 的人才流失警戒线，青年社会工作者作为社会工作发展推进的主力军，其流失问题更加严重。

（二）社会工作实践层面的主要问题

纵观我国社会工作的不同实践，尤其是近年来开展的“三区”计划和很多地区推动的“三社联动”社会工作实践项目，概括起来，社会工作实践层面存在着几大张力，这制约着社会工作实践的有效开展。

1. 专业化与本土化的张力

一线社会工作者深受社会工作教育的影响，在触及本土现实问题和服务人群时，习惯运用在专业教育过程中所学的理论、模式去开展实践服务，这种专业教育的代入感使其缺少对本土情境的敏感性，出现专业化与本土化的明显张力。

2. 专业自主与行政主导的张力

在现有社会工作发展环境下，社会工作服务项目以政府购买社会工作服务为主。在社会工作实践服务中，无论是在项目执行人群的选择上还是在服务开展理念和技术策略的形成上，行政主导与干预均显强势，因而出现专业自主与行政主导之间的张力。如何践行社会工作理念，坚守社会工作使命，保持社会工作专业品性成为社会工作健康发展的重要议题。

3.“向上的社会工作”与“向下的社会工作”之间的张力

政府在购买社会工作服务中，很多时候会面临这样一个现实问题：政府所需与服务对象所需之间并非完全一致。当政府所需同服务对象所需存在较大张力时，社会工作服务机构将面临“向上的社会工作”与“向下的社会工作”之间的张力。如果选择“向上的社会工作”，将以政府为本，影响了以服务对象为本的专业使命

的践行，如果选择“向下的社会工作”，将以服务对象为本，影响了和政府之间的合作关系，那么以政府购买社会工作服务为主要资金来源的社会工作服务机构将会面临生存的问题。

4. 宣传的社会工作与社会工作的宣传之间的张力

在民众对社会工作知晓度、认可度普遍较低的现实社会中，做好社会工作的宣传无论是对社会工作服务机构而言还是对社会工作者而言都是必要的。然而，社会工作服务机构为了赢得政府的喜爱甚至是某种“宠爱”而宣传自我，会通过媒体报道等各种手段夸大服务事实和服务成效，将社会工作变成一种宣传，视宣传为社会工作的重心。

5. “弱势优先”的社会工作与“造势优先”的社会工作之间的张力

社会工作从其诞生起就以服务弱势人群为重要使命，无论是从福利的惠及范围来讲还是从人道主义精神来讲，“弱势优先”是社会工作的专业选择。然而，在项目制的短周期等因素影响下，现有的社会工作为了在较短时间让外界看到其服务成效，聚拢更多人群，往往选择愿意配合的、容易造势的、规模化的、容易改变的、非需要人群为服务对象，偏好“造势优先”。

（三）社会工作研究层面的主要问题

社会工作实践需要社会工作理论的指导，社会工作理论又来源于对社会工作实践的检视、提炼与总结。中国社会工作研究层面的主要问题表现在以下两个方面：

1. 社会工作研究的数量和质量问题

中国社会工作专业院校开设数量较多，从事社会工作教育、研究的人员也较多，但社会工作不管是在研究数量上还是在研究质量上较相近学科——社会学而言，都存在较大差距。仅以学术论文为例，从 1988—2020 年的学术论文发表情况来看，以“社会工作”为主题词的学术论文比以“社会学”为主题词的学术论文少 10 154 篇。从 CSSCI 期刊论文占比来看，以“社会学”为主题词的学术论文比以“社会工作”为主题词的学术论文多 21.35%。

2. 社会工作理论研究与实务行为的割裂问题

首先，社会工作理论研究者以高校和科研院所的教育者、研究者为主，从事一线社会工作的实务人员较少参与社会工作理论研究，而从事社会工作理论研究的教育者和研究者又较少涉及实务领域，对实务领域出现的问题缺少深入认识，缺乏对实务过程的体验感，致使社会工作理论研究成果的适用性不够。其次，很多社会工作理论研究停留在对西方社会工作理论、模式、方法、价值观等的探讨上，未能结合实务行为，出现社会工作理论研究与实务行为的割裂问题。

3. 对本土性社会工作研究的重视不够

纵观社会工作的已有研究，近年来对社会工作本土化的探讨越来越多。社会工作本土化需要重视对本土性社会工作的经验总结，而现有研究极少涉及中国传统救助体系、求助方式、民政工作等本土性社会工作。对本土性社会工作的研究不够，使得相关教材较为缺乏，进而影响社会工作专业人才的培养。

（四）社会工作政策与制度层面的主要问题

健全的社会工作制度、可行的社会工作政策是助推社会工作行业化和职业化的有力保障。中国社会工作在政策与制度层面存在的主要问题有以下两个：

1. 社会工作政策与制度的健全性问题

尽管国家和地方层面已经制定了若干社会工作制度和行业标准，但从众多社会工作领域和人群来看，仅有的 1 项国家标准和 6 项社会工作行业标准只涉及青少年社会工作、儿童社会工作和老年社会工作领域，且这些标准用于指导这些领域的实践远远不够。同时，全国性社会工作的法规处于空白状态。除 2018 年 7 月 26 日，广东省第十三届人民代表大会常务委员会第四次会议批准了国内首个社会工作服务领域的综合性地方法规《广州市社会工作服务条例》之外，中国境内目前尚无现成的社会工作法规。

2. 社会工作政策与制度的落实问题

中国已有的社会工作政策与制度，在从中央到地方再到基层的落实上，表现出明显的制度建设刚性不足、关键政策突破难、政策落实不到位等问题。这和社会工作政策与制度制定过程中的合理性、合法性、实践性有关，也与从中央到地方的社会工作行政管理机制、协调议事机制不健全密切相关。

第三章　四川省社会工作发展成果与现实挑战

一、四川省社会工作发展成果

（一）社会工作教育发展迅速

截至 2020 年 9 月，四川省招收社会工作专业本科生及社会工作硕士专业学位（MSW）研究生的院校有 15 所，分别是四川大学、西南财经大学、四川农业大学、西南石油大学、西南民族大学、成都信息工程大学、西华大学、成都理工大学、四川师范大学、四川理工学院、西华师范大学、绵阳师范学院、宜宾学院、乐山师范学院、成都大学。四川省部分高校社会工作人才培养情况如表 3-1 所示。

表 3-1　四川省部分高校社会工作人才培养情况

学校	学位	师资	在校学生人数/人	
			本科生	研究生
四川大学	学士学位 MSW	专任教师 24 人（其中高级职称 19 人、博士生导师 3 人、硕士生导师 14 人）	166	87
西南财经大学	MSW	专任教师 12 人（其中高级职称 8 人）	—	80
四川农业大学	学士学位	专任教师 12 人	382	—
西南石油大学	学士学位 MSW	专任教师 20 人（其中高级职称 12 人、博士 9 人）	250	60
成都信息工程大学	学士学位 MSW	教授 1 人，副教授 3 人，硕士生导师 4 人	40	20
西华大学	学士学位 MSW	专任教师 16 人（其中高级职称 9 人、博士 19 人）	200	72

表3-1(续)

学校	学位	师资	在校学生人数/人	
			本科生	研究生
成都理工大学	学士学位	高级职称教师10余人	220	—
宜宾学院	学士学位	专任教师10人（其中博士4人、教授2人）	160	—

注：表3-1中的数据为不完全统计。

（二）社会工作实践纵深化发展

四川省社会工作无论是在教育领域的发展还是在实务领域的发展都与2008年汶川地震后的灾后重建有密切的关系，尤其是在社会工作实践层面。从实务领域来看，四川省社会工作的服务领域由最早开始的灾后恢复重建服务领域不断拓展，目前已涉及老年人服务、儿童及青少年服务、社区建设、社会救助、社区矫正、防灾减灾、社会福利、禁毒戒毒、优抚安置等领域。灾害社会工作是四川省社会工作在多年的实践中形成的重要品牌。为有效提升灾害社会工作服务能力，满足灾区人民群众的社会服务需求，四川省于2015年成立了四川省灾害社会工作服务队，确保灾害社会工作实践的精深化发展。从服务范围来看，社会工作服务范围不断扩大。目前四川省社会工作服务范围已覆盖全省所有市州，不仅城市社区有社会工作服务，农村地区也有社会工作服务，不仅中心城市开展社会工作服务，偏远山区也开展社会工作服务。成都市在社区社会工作方面，尤其是在社区营造实践方面走在了全国的前列。从服务模式来看，通过社会工作服务项目的实施，成都市初步形成了“1+3”（引入1家专业社会工作服务机构开展社会工作服务、培训服务和志愿服务，带动1个地区社会工作的发展）和“1+1”（本土性社会工作+社会工作督导）的社会工作发展模式和以项目为载体、以合同为依据、以督导评估为保证的“三区”计划项目管理模式，社会工作服务在项目实施地产生了显著的社会影响。

（三）社会工作政策与制度建设日益完善

总体而言，四川省社会工作无论是在政策上还是在制度上，均以全国性社会工作政策与制度为主要依据，在地方实践基础上做了有益尝试与探索，初步建立了地方性相关政策体系。2012年5月，四川省委组织部、四川省发展和改革委员会、四川省民政厅等18个部门共同印发了《关于加强社会工作专业人才队伍建设的实施意见》，提出了四川省社会工作具体发展措施。2012 年，四川省民政厅印发《四川省民政厅关于做好全省民政系统事业单位社会工作专业技术岗位聘用工作有关问题的通知》，明确了民政系统事业单位可根据工作需要和岗位要求直接聘任取得初级和中级社会工作职业资格的人员担任相应级别专业技术职务、让其享受相应级别待遇的政策。2015 年，四川省民政厅联合共青团四川省委员会等 6 家单位印发了《关于加强青少年事务社会工作专业人才队伍建设的意见》。2015 年，四川省民政厅联合四川省司法厅等 10 部门出台了《关于组织社会力量参与社区矫正工作的实施意见》。2015 年，四川省民政厅联合四川省财政厅转发民政部、财政部《关于加快推进社会救助领域社会工作发展的意见》，明确提出了四川省救助领域社会工作服务的具体要求。2017 年 7 月，四川省委组织部、四川省发展和改革委员会、四川省民政厅、四川省人力资源和社会保障厅联合向社会发布《四川省社会工作专业人才队伍建设“十三五”规划》，明确了“十三五”期间全省社会工作人才队伍建设的指导思想、基本原则、发展目标。原四川省质量技术监督局批准发布了《社会工作者保密要求》《社会工作服务效果评估规范》。原成都市质量技术监督局批准发布了《残疾人社会工作服务要求》《老年社会工作服务要求》。另外，四川省比较重视对热点性议题和地域性议题的社会工作课题的常态化研究，为政策制定奠定基础。四川省民政厅近年来每年根据社会热点问题和地域特色议题设置社会工作研究课题，如 2019 年面向省内外高校、科研机构、地方民政部门和社会组织公开招标“加强与完善我省社会组织监管的对策建议”课题；2020 年面向省内高校招标“社会工作中国化的理论和实践”课题等。

二、四川省社会工作发展特色

（一）特色领域

四川省社会工作的特色服务领域主要表现在社区社会工作和灾害社会工作两个方面。

1. 社区社会工作

成都市近年来市、区两级政府高度重视社区建设，始终把加强社区治理作为全局性、基础性工作来抓，不断加强社区信息化工作建设和完善社区治安管理工作，多次得到中央和省委的肯定。在社区社会工作制度建设方面，2020 年 7 月，成都市着眼社区社会工作专业人才培养、专业岗位开发、专业服务、服务绩效考评等方面，出台《成都市关于加强社区社会工作服务助推城乡社区发展治理的实施意见》和社会工作岗位管理、绩效考评两项配套制度，建立全国首个“1+2”社区社会工作服务制度。为进一步密切联系群众，改善民生，完善基层小区治理格局，成都市出台了《关于深化和完善城镇居民小区治理的意见》。基于此，成都市城乡社区发展治理促进会成立党建引领小区治理专委会，旨在构建街道、社区党组织统一领导和协调下的“小区党组织+业主委员会+物业服务机构+院落管委会（监委会）”四方联动治理格局，探索集群式老旧院落联合治理，集中安置区、商品楼盘小区等多样小区的内部治理，助力公共服务，齐心协力补治理短板。在社区社会工作实践层面，成都市社区社会工作走在全国前列，不同社区根据各自社区的情况形成了不同的实践模式。锦江区、成华区先后被民政部确定为全国社区治理和服务创新实验区，成华区被四川省确定为全省网格化服务管理试点区。锦官驿社区作为水井坊街道的一个社区，其依赖于水井坊街道“一站两中心”服务模式，即社区公共服务站和个案管理中心、综合服务中心，并联合锦江区委员会、锦江区人民政府、水井坊街道、社区自治组织和社会组织成立了社区“大联动、微治理”工作站，采用网格化的方式对社区进行分区分层管理，以保障社区工作的正常开展。西华门社区结合社区现实状况，利用社区内文化场所及文化氛围浓厚的特色，将社区治理与文创、物业管理相结合，创造出“1+1+1=*N*”的社区治理模式，充分挖掘社区内的资源，根据社区发展需要，将社会组织定位为协治者的角色，发挥党建引领的作用，使社区内的多元主体共同推动社区发展。

2. 灾害社会工作

四川省灾害社会工作发展模式的特征可以概括为移植性、嵌入性、融合性。

（1）移植性特征。移植性特征产生于“5・12”汶川地震发生之后，大量外来社会工作专业力量进驻灾区提供服务，包括来自广东省、上海市、北京市、湖南省及境外的一些社会工作专业力量。

（2）嵌入性特征。嵌入性特征在四川省社会工作发展中的体现如下：

第一，自主能力增强，政府信任度提升。社会工作专业力量逐渐掌握了主动权，通过与政府积极对话，提升自主能力，如在广东省援建汶川的过程中，广东省相关高校社会工作专业力量赶赴灾区，并多次与广东省援建工作组及汶川县委、县人民政府等部门沟通对话，为自身落地汶川赢得了更多机会。

第二，尝试制度嵌入，夯实制度基础。在各地社会工作专业力量的努力与呼吁下，部分省（自治区、直辖市）尝试性地将社会工作纳入灾后对口支援工作计划之中，如上海市、广东省、湖南省等地的社会工作专业力量，成为对口援建体系的尝试性组成部分，共同参与灾后援建工作。

第三，依靠政府资源，推进服务嵌入。由于社会工作专业力量尚未壮大，社会工作自身缺乏资金保障，因此，四川省灾害社会工作主要体现了一种对政府资源的依附和在依赖下进行服务嵌入，如湖南省援建工作组从援建资金中拿出数百万元开展湘川情社会工作服务与心理援助项目，广东省援建工作组从援建资金中拨出四百余万元资助汶川大同社会工作服务中心开展汶川县“精神家园建设”社会工作综合服务项目等。

第四，遵循本土导向，探索特色服务。在前期经验教训基础上，外来社会工作专业力量逐渐意识到结合本土实际开展服务的重要性，尝试探索一系列具有本土特色的服务实践，如上海社会工作服务团在援助都江堰的过程中提供的“巷巷会”及“火凤凰”等特色服务，能够体现灾区本土特色，成效逐步凸显。

第五，审视灾民文化，重建社会关系。“5・12”汶川地震发生之后，广大灾区民众间普遍形成一种弱势性灾民文化，这种灾民文化不利于受灾群众重建社会关系网络，因此，社会工作专业力量在临时安置阶段和灾后重建前期尤为重视立足灾民心理特征，搭建社会关系网络体系。

（3）融合性特征。融合性特征主要是指四川省社会工作在扎根当地社会历史文化中体现出的一种多元主体相结合的状态，即社会工作在四川地区起步、落地，得到中央、地方政府、社会各界力量（国内外社会工作专业力量、基金会、其他社会组织等）、当地民众、个人等多元主体的共同推进。这一融合性特征，主要体现在灾后重建阶段，原因在于，随着社会工作专业力量逐渐适应灾区社会需求，并在实践中取得积极成效，政府与社会大众逐渐给予了社会工作更多的信任和支持，社会工作专业力量逐渐获得扎根灾区、推动灾后重建的诸多资源，包括进一步完善相关政策，获得合法的介入灾后重建的身份，逐渐实现社会工作所需服务资金的多元化。社会工作专业服务人才逐渐朝着专业化与本土化融合的方向发展，社会工作专业服务更能回应灾区社会需求。

（二）亮点做法

1. 不断完善顶层制度设计与政策支持

一是推动出台社会工作发展综合政策。二是明确民政系统社会工作岗位聘用政策。三是推动专业领域社会工作政策创制。四是不断完善社会工作服务指导政策。2014 年，四川省民政厅印发《关于开展社会工作服务示范建设活动的通知》，充分发挥省内社会工作优秀地区和单位的引领示范作用，带动全省社会工作发展；2015 年，四川省民政厅印发《四川省民政厅办公室关于申报社会工作服务储备项目的通知》，积极推进政府购买社会工作服务深入开展，社会工作服务专业化进程加快。五是积极研制社会工作服务标准。

2. 大力助推社会工作实务发展

2007 年，四川省委组织部、四川省民政厅、四川省人力资源和社会保障厅、四川省教育厅、四川省财政厅联合组织实施了社会工作人才百人计划，从当年全日制普通高校社会工作专业及相关专业应届毕业生中招募 110 名志愿者，到基层从事为期两年的社会工作志愿服务。“5·12”汶川地震发生后，四川省组织百人计划社会工作者在地震灾区成立了 3 个社会工作站，开展灾区社会工作服务，培育出四川省第一批本土性社会工作人才，积累宝贵发展经验。近年来，四川省社会工作服务领域不断拓展，服务水平不断提高，服务范围不断扩大。

一是财政支持力度逐步加大。四川省积极建立财政资金支持专业社会工作发展，自 2009 年起，每年争取省级财政预算资金及福彩公益金以补助社会工作服务项目，积极争取民政部“三区”计划资金和中央福彩金，用于开展各类社会工作服务项目。二是服务范围不断扩大。覆盖面广，受益人群多，群众反响良好。三是服务成效愈加明显。四是服务典型不断涌现。经过十多年的磨砺，四川省不断提升社会工作实务水平，涌现出了一批优秀社会工作服务项目和服务案例，创建了一批社会工作服务示范地区、社区和单位。成都市青羊区等 6 个地区，成都市武侯区玉林街道玉林东路社区等 2 个社区，四川省革命伤残军人休养院（医院）等 9 个单位被民政部命名为全国社会工作服务示范地区（社区、单位）。

3. 重视社会工作人才培养

（1）职业水平评价有序实施。通过全国社会工作者职业水平考试的人数日益增加，具有一定社会工作专业素质的人员日益增多，在相关领域从事专门性社会服务的人员数量日益庞大。

（2）持续推进社会工作专业培训。积极建立国家级社会工作专业实训基地和省级社会工作培训基地，编制社会工作培训教材，借助培训基地和高校师资资源，持续开展社会工作专业知识培训。

（3）社会工作人才素质不断提高。通过鼓励参加全国社会工作者职业水平考试、参加学历教育、参与岗位培训等途径，结合近年来社会工作实务经验积累，四川省在社会工作人才素质提高、服务技巧提升、机构管理强化、资源整合推进等方面均取得了较大进步，许多经验丰富的社会工作者开始自主注册机构，向机构管理人才和督导人才转变。

（4）社会工作者激励政策逐步完善。目前四川省社会工作从业人员的平均薪酬呈现逐年上涨趋势，多地出台政策对社会工作专职工作人员进行专项补贴，提高基本待遇水平，完善社会保险及住房公积金制度，为社会工作从业人员做好保障。成都市、宜宾市、资阳市等地将社会工作从业人员纳入表彰范畴。为加强社会工作人才队伍建设，发挥社会工作专业人才在城乡基层治理中的作用，2020 年 9 月 28 日，四川省委组织部、四川省民政厅、四川省教育厅、四川省财政厅、四川省人力资源和社会保障厅印发《社会工作专业人才万人培养工程实施意见》。

（三）主要经验

1. 加强组织领导，引导社会工作纵深发展

四川省坚持党管人才原则，积极落实中央组织部等 18 个部门和组织发布的《关于加强社会工作专业人才队伍建设的实施意见》，切实加强党对社会工作专业人才队伍建设的领导，建立组织部门牵头抓总、民政部门具体负责、各部门和组织齐抓共管的全省社会工作专业人才队伍管理体制，形成持续健康的长效工作机制。四川省充分发挥各级各部门、社会各方面和社会工作专业人才的积极性，形成社会工作专业人才队伍合力。部分地方还建立了社会工作人才队伍建设领导机构或社会工作发展领导机构，党委政府主要领导出面协调社会工作人才队伍建设。

2. 重视宣传培训，提升社会工作认同度

四川省民政厅依托四川省民政干部学校、四川大学、西南财经大学、西南石油大学和四川农业大学等的社会工作人才培训基地，广泛组织地方党政干部、社会工作管理人员、社会工作服务人员开展社会工作岗位培训、继续教育、各类专题培训及社会工作知识普及培训，培训内容涉及各社会工作服务领域的社会工作实务和理论。四川省秉承"引进来、走出去"的原则，不仅注重学习省内先进地区经验，也注重到发达地区学习，不仅注重提高社会工作从业人员的业务水平，也注重提高公众对社会工作的认知度、理解度和认同度，不仅注重培养社会工作服务人才，也注重培养本土性社会工作督导人才。

3. 狠抓项目管理，推动社会工作实务发展

（1）四川省积极推动政府购买社会工作服务，利用省级福彩金和财政资金促进地方开展政府购买，以省级项目的星星之火，带动全省各地加大对社会工作服务项目的投入。

（2）不断规范项目管理。在项目管理上，四川省建立分级督导、信息报送和检查评估等制度，切实加强了对项目实施的监督和管理。目前四川省正在实施的社会工作服务项目均要求由实施地民政局和民办社会工作服务机构联合申报，聘请第三方督导评估机构对项目进行日常督导指导、开展中期评估和结项评估，并要求配备一定数量的专职社会工作者、兼职社会工作者、督导人员及志愿者，确保服务质量。

（3）建立健全社会工作项目储备库制度。为进一步推动社会工作项目规范运行，四川省民政厅印发了《四川省民政厅办公室关于申报社会工作服务储备项目的通知》，广泛征集社会工作服务储备项目，聘请专家对项目申报情况进行综合评分，为四川省社会工作服务项目实施做好充分储备。

（4）四川省积极研制并推动出台社会工作服务标准，并在全省范围内广泛运用，不断提升社会工作服务项目质量。

三、四川省社会工作面临的现实挑战

四川省社会工作是在中国社会工作发展的大背景和大环境下逐步发展起来的，因而四川省社会工作在很大程度上既存在中国社会工作发展的共性问题，也存在一些个性问题。影响四川省社会工作健康发展的主要现实挑战表现在以下几个方面：

（一）社会工作人才有效供需失衡

1. 社会工作者有效供给缺口大

与中国社会工作人才培养路径一样，四川省社会工作人才供给途径有二：一是通过社会工作专业高校培养，二是通过社会工作继续教育培养。有效供给强调社会工作人才供给的数量和质量两个方面。

首先，四川省高校在培养社会工作者方面存在的数量问题是社会工作专业学生的专业对口就业率低，质量问题是社会工作专业学生的实践能力不足。从数量上看，截至 2020 年 9 月，四川省社会工作专业在校生（含本科生和研究生）约为

1 700 人（见表 3-1），看似数量庞大，但是根据往年数据和调研情况来看，社会工作专业毕业生在毕业后进入社会工作行业的比例极低，不到 20%。从质量上看，社会工作专业毕业生的实践能力不强，现场的专业服务能力不足。

“我们本科班上有 45 人，做社会工作的只有五六人；我们研究生班上有 33 人，也只有四五人做社会工作。”（LQ，社会工作服务机构社会工作者，20200704F）

“不是说学了小组、社区方法就具有了社会工作专业性，而是在工作中融入社区，了解工作对象，服务工作对象，这个才是社会工作专业性。”（PW，大学教授，20200702F）

“社会工作的专业性不是指唱歌跳舞的专业性，而是指要去真正了解社会问题，去找解决方法，去研究这些东西，去形成我们的核心专业能力。”（FL，社会工作服务机构负责人，20200705F）

“现在重中之重是反思我们自己，怎么证明你是个社会工作者？你的认可度有多高？”（HFW，社会工作行政管理人员，20200702F）

“我们有的社会工作专业的学生只会写报告，而且天天坐在那，怕跟老百姓打交道，如果与老百姓交流的能力都不具备的话，还谈什么社会工作的专业性呢？”（FL，社会工作服务机构负责人，20200705F）

其次，四川省通过继续教育培养社会工作者，主要的问题在质量方面：培训碎片化，缺乏系统性、规划性。社会工作继续教育是对基层社区、行业协会、社会工作服务机构等组织从事社会建设、社会治理、社会服务等相关工作的人员进行的社会工作专业知识培训。不管是对实际社会工作人员的社会工作人才教育培训还是对已有社会工作人才的继续教育培训，都较为碎片化，缺乏系统性设计。主要表现如下：一是集中培训时间较短，零星培训较多；二是缺乏对培训的系统性设计，培训内容主要取决于培训教师想讲什么，而非受训对象应学什么。

2. 本土性社会工作者需求量大，但社会工作仍处于职业化的初级阶段

2020 年成都市建立全国首个“1+2”社区社会工作服务制度，其中包括培养社区社会工作专职社会工作者 5 000 名以上，到 2022 年专职社会工作岗位和持证社会工作者在全市村（社区）实现全覆盖[①]。然而，当前社会工作作为一门职业仍然处于职业化的初级阶段。社会工作的职业化需要更多的本土性社会工作者。中国的社

① 全市 261 个街道（镇）、3 043 个村（社区）普遍使用社会工作专业人才，每个建制村设置 1 个、城乡社区设置 2 个专职社会工作岗位。

会工作在一定意义上是由政府主导，自上而下逐级推进的，这种以行政力量推动而不是靠专业自主扩展的社会工作发展模式，使得社会工作的职业化面临挑战。

首先，社会工作职业化的初级阶段表现为社会工作职业定位不清，包括职业边界模糊、专业服务易被行政吸纳。社会工作定位与功能是社会工作基础理论的核心内容，但是一直处于缺位状态，导致社会工作作为一门职业在中国的社会治理中出现职业定位不清的问题。体制内社会工作岗位的专业服务被行政事务吸纳，社会工作服务机构中的社会工作者承接的政府购买社会工作服务也涵盖了大量的行政事务工作，严重阻碍了以专业服务为基础的社会工作的职业化进程。

“我们社会工作科一共有 3 个社会工作岗位，受单位工作性质的影响，平时的工作牵扯到很多行政事务，所以我们在专业性方面还是不够的。”（WQ，岗位社会工作者，20191227）

“比如说社会组织管理科（购买服务），我们（机构）主要做社会组织培育孵化工作，因为工作内容比较相近，即使（工作内容）不在这个项目里面，他们也会把自己工作上的事情交给我们来做，就导致跟社会组织相关的管理工作我们也在帮忙做。”（LQ，社会工作服务机构社会工作者，20200704F）

其次，社会工作职业化的初级阶段还表现为社会工作者职业地位不高，包括薪酬福利保障不足、职业自主权缺乏、社会声望低，导致职业社会工作者的离职率、流动率高，行业发展不稳定。财富、权利、声望是马克斯·韦伯提出的划分社会层次结构的三大维度，可用于分析社会工作者的职业地位：财富层面，职业社会工作者的收入普遍偏低，福利保障严重不足；权利方面，社会工作者的职业发展依赖行政力量的推动，职业自主权缺乏；声望方面，职业社会工作与其他工作的工作内容边界模糊，导致公众的知晓度、认可度偏低，社会工作者的社会声望也就偏低。

“一线社会工作者的月薪为 3 500 元左右，不含五险一金。”（FL，社会工作服务机构负责人，20200705F）

“政策体系对社会工作人才的保障不够。因为社会工作行业不同于其他行业，它属于要奉献的行业，因此需要提高待遇水平，保证社会工作者的身心健康。我觉得这点是需要改变的。”（HFW，社会工作行政管理人员，20200702F）

“现在的社会工作者，以及机构，有一定的从属性。有的项目的投资方会比较强势，社会工作者感到自己不被尊重。我们机构应该算比较有品牌影响力的了，还有议价权，但是有些小机构就会忍辱负重，社会工作者流失跟这个也有关系。”（FL，社会工作服务机构负责人，20200705F）

“我们打造服务品牌都是依托社区，社会工作服务机构自己很难建立口碑。”（FL，社会工作服务机构负责人，20200705F）

（二）政府购买社会工作服务的规范性有待加强

1. 资金投入不足

首先，政府未将购买社会工作服务项目稳定纳入财政预算。部分地方政府将购买社会工作服务项目看作临时性、局部性或补充性的公共服务提供方式，因此尚未根据社会需要将购买社会工作服务项目纳入地方社会服务规划和地方常规性财政预算，导致政府对购买社会工作服务项目投入不足。

其次，政府购买社会工作服务的成本核算制度不合理。项目经费中人员支出绝对金额和相对金额均不高，项目人员的基本薪酬有时无法得到保障，这可能导致两种情况：一是社会工作服务机构为保障社会工作者的基本薪酬而“东拼西凑”；二是社会工作服务机构对用工“打折”，或者裁减项目人员，或者雇佣非专业人员，使服务效果大打折扣。

“我们项目总共有7个人，项目经费为50万元（1年）。资金多用于活动经费支出，而且因为我们要做培训，所以还有很多资金给了老师，我们自己的收入就特别低，2020年受新冠肺炎疫情影响，项目不能执行，两个月开不起工资，机构就从其他的项目中拨出资金，给我们发工资。”（LQ，社会工作服务机构社会工作者，20200704F）

“很多社会工作服务机构中标以后，也不一定按照社会工作的专业方法来开展工作，有可能他就‘划水’了。（因为）可能招了十个社会工作者，但总的人员费用只有几千块钱。”（LX，某区社会工作协会会长，20200708M）

最后，政府购买社会工作服务的资金中并不包含对社会工作服务机构长期能力建设的支持，或者这部分经费极少，不能满足社会工作服务机构进行专业岗位建设的需要，因此对提升社会工作服务机构专业化能力的促进作用不大。

“政府购买社会工作服务的结存资金，从财政的角度来说，就应该归社会工作服务机构所有。但是现在，政府没有出台明确的规定，也没有着力解决这个问题。为什么一个项目结束了，社会工作服务机构就死了？就是因为项目没有结存资金，每个项目一结束，钱就花完了。现在政府购买社会工作服务都是资助项目，很少对社会工作服务机构进行支持。我们机构很希望拿到基金会的非限定性项目，每年30万元的非限定性项目，相当于做一个一年期的300万元的（政府购买社会工作服务）项目，可能还没有那么多。用这个资金，我可以培训员工，做各种梳理，这个资金对社会工作服务机构是非常重要的。说白了就是让这个钱落到你的袋子里，然后让你去做一些有意义的事。”（FL，社会工作服务机构负责人，20200705F）

2. 管理方式存在问题

（1）政府购买社会工作服务的准入机制存在问题。部分政策制定者和执行者对社会工作的专业性认识不足，导致在制定购买标准时，对服务承接方的准入资质界定不清。政府在组织采购时，并没有专门规定某类社会工作服务项目只能由社会工作服务机构来承接，服务承接方的社会工作资质模糊，导致社会工作的专业性得不到最大限度的发挥。

“省上的社区营造项目没有要求只能社会工作服务机构来做，只说社会工作服务机构可能在评分上有优势。购买这种服务，政府还是希望能够以多元的方式来开展工作，希望市、区都可以参与，所以没有那么多的硬性条件。”（LX，某区社会工作协会会长，20200708M）

（2）监管方面存在可改善的空间。社会工作的专业性很强，但政府部门对其进行的监管大多是行政管理方面的，对社会工作专业服务方面的监管较为缺乏，适用性不强。

“加强政府监管很重要，而且这个监管不是行政监管，而是专业监管。（现在）政府大多采用行政监管模式，绩效不高，所以这个地方可能是一大漏洞。”（HFW，社会工作行政管理人员，20200702F）

（3）多是项目制购买方式，而不是常规性购买方式。政府购买社会工作服务的周期一般较短，多为1~2年，因而很难为社会工作服务机构提供稳定的资金，社会工作服务机构在没有稳定的资金的情况下，很难对自身的基础能力建设和长期发展做出规划。不少社会工作服务机构反映，由于项目周期短，因此结项时往往匆匆忙忙，难见效果。购买方、承接方和服务对象都对服务成果感到不满。

“有些社会工作服务机构仅带项目进来，做了一年就走了，他们的工作人员都还不怎么认识我。但是我希望，在资源交换的过程中，社会工作服务机构能给社区提供资源，同时社区也帮助社会工作服务机构成长。我之前也给我们的领导讲过，你们不要每年都发布一个项目，社会工作服务机构做一年就走了。”（HSL，社区书记，20200708F）

“政府购买社会工作服务的周期大多较短，半年、一年，稍微长一点的也在两年内。作为外部的非本社区组织，其对社区的了解是不足的，如果要提供相应服

务，就需要一个过程来熟悉这个社区。”（PWZ，教授，20200708F）

“其实我觉得现在需要出台一个总的政策来指导，而且方向要很明确：普通服务项目可以用购买服务（项目）的形式，但是社会工作服务项目一定要以人（岗位）和事（项目）相结合的方式来购买。”（HFW，社会工作行政管理人员，20200702F）

3. 难以量化评估

政府购买社会工作服务的评价体系重视数量，却难以反映真实的服务成效，这不利于社会工作的专业化发展。当前政府购买社会工作服务的评价体系强调数量而非质量，而社会工作服务的特点是无形化，难以被测量。因此，当前的评价体系就会造成项目承接机构迎合评估指标，花费大量精力做表面文章，却忽略服务对象的真实需求。

“其实我们做的与人打交道的工作是很难以指标来评估的，但是它又是项目，必须要接受指标的评估，用这种硬性的指标来要求我们做很多事，我们就不会有太多的精力去做得深入，即使做得很深入也很难被评估。我们这些遵从社会工作价值观的人，坚守初心和使命的人，想把事情做好，想解决问题，我们要用道德底线去要求自己。但是有些人就只顾完成指标，花大多数时间去做表面工作。更过分的是，现在有些组织造假。不管是承包方还是第三方评估机构，不可能天天都守在那里监督。”（LQ，社会工作服务机构社会工作者，20200704F）

“一个项目，（评估时）就看你服务了多少人次，办了多少活动。多少人次、多少活动是一个数量，而社会工作服务强调的是专业的影响，在乎的是一种思想和认识的改变。所以这个项目评估方式不利于社会工作服务机构的成长。”（LYG，社会工作服务机构负责人，20200515M）

4. 存在边界异化问题

政府购买社会工作服务中存在边界异化问题。政府购买社会工作服务中的边界异化问题主要是指政府超出合理边界购买社会工作服务项目，社会工作服务机构超出合理能力承接社会工作服务项目，政府和社会工作服务机构超出合理关系互动。这种边界异化在某种程度上忽略了服务效应的导向性和服务对象的主体性，致使社会工作发展存在边界异化问题和治理风险。政府购买社会工作服务中的边界异化问题主要表现在政府认识不够、政社关系不平等、政府介入过多等方面。

（三）社会工作服务平台需要拓展

1. 现有社会工作岗位缺乏制度化基础

中国主要采用民办社会工作服务机构、社区社会工作岗位、企事业单位内设部门和岗位三种模式相结合的方式开展社会工作。然而，三种模式都缺乏制度化基础和要求。民办社会工作服务机构没有像事业单位那样被纳入国家和地方社会发展规划和政府财政预算体系中，因此难以获得稳定的财政拨款，并且难以建立相应的晋升体系。中国的城乡社区过去一直是按照居民自治的组织体系构建的，其工作人员都是非职业性的。目前城市社区逐渐形成了提供基层公共服务的职业体系，设置了社区社会工作岗位，但对工作人员的专业化要求并不高，待遇水平也偏低，因此从体制基础和资源条件看，其都难以支撑专业化社会工作的制度建设。在企事业单位内设部门和岗位的模式虽然可以依托企事业单位人事制度和资源条件，但在缺乏国家标准化要求的情况下，企事业单位是否设立和如何设立社会工作部门和岗位就取决于其领导的认识和态度，因而导致各个单位在建立社会工作部门和岗位的行动上有很大差异。

2. 社会工作服务机构缺乏自主发展能力

部分社会工作服务机构的自主发展能力不足，不少社会工作服务机构甚至沦为“僵尸组织”。以成都市某区为例，在该区注册登记的社会组织共600多家，目前仍然比较活跃的社会组织仅10家左右，剩下的很大一部分为“僵尸组织”，即仅登记在册，不开展任何业务的社会组织。究其原因，主要在于：

（1）社会组织的监督管理机制尚未理顺。目前社会组织的登记审批由行政审批部门负责，审批之后的管理、变更、注销等业务由民政部门负责。部分社会组织不具有专业性，却依照程序通过了行政审批，民政部门在后续管理中很难开展工作。这些社会组织往往架构不清，财务制度混乱，发展能力差，拿不到项目，极易成为“僵尸组织”。而民政部门的执法监管能力较弱，在这些“僵尸组织”不注销、不年检的情况下又很难完成撤销流程。

（2）部分社会工作服务机构的发展目光短浅。不少社会工作服务机构在未明确发展目标和业务范围的情况下就草率成立，制度混乱，发展严重受限。

（3）部分社会工作服务机构专业性有限，创新性不足。

（4）中小型社会工作服务机构仅依靠承接项目维持运转，缺乏“造血”能力和自主发展能力。社会工作服务体系的筹资渠道应该是多元的，但目前国内慈善捐款总量偏少和私人购买社会工作服务项目的市场不足，政府购买社会工作服务在较长一段时间仍是社会工作服务机构的主要资金来源。政府对社会组织“输血”式的培育模式形成了社会组织对政府资源的严重依赖，以及社会组织的低质化、同质化。

（5）在市场优胜劣汰的机制下，购买方倾向于与大型机构、专业机构合作。市场竞争机制使得社会工作服务机构发展的两极分化现象愈发严重，在专业性、自主性不足的情况下，中小型机构面临生存困境。

“现在在登记审批方面成立了行政审批局，但实际上更麻烦。因为行政审批局只管审批，后面的问题我们都要管。‘僵尸组织’按规定就应该纳入监管执法的流程，不注销，又不参与年检，就应该进入撤销流程。但撤销流程是一个法律流程，时间长、步骤多，只要缺少一个步骤，这些组织就有可能反诉。”（SQ，社会工作服务机构管理者，20200708F）

“社会工作服务机构的问题是成立得比较匆忙，负责人比较茫然，他自己都是一头雾水。有些人甚至为了某个项目，或者受人煽动而去成立。但是后续管理混乱，财务制度混乱，更谈不上培养人才了。”（SQ，社会工作服务机构管理者，20200708F）

“所以我觉得从本质上来说，社会组织要把握机遇，从自身发展来说，要增强专业性，在有些新领域的开拓方面还是可以做一些工作的，如退役军人是有服务需求的。”（FL，社会工作服务机构负责人，20200705F）

“像新家园这样的机构，现在都有危机了，他们是多好的机构。针对一个项目，如果社会工作者愿意做，那么这个项目就归机构负责了，机构没有任何其他业务。”（FL，社会工作服务机构负责人，20200705F）

“中型机构的压力也比较大，因为政府还是希望和大型机构合作，以及跟专业机构合作。”（FL，社会工作服务机构负责人，20200705F）

“一些机构本身缺乏‘造血’功能，专业性也达不到要求。政府发包的项目一少，或者哪根弦断了，机构就接不到项目了，就变成‘僵尸组织’了。”（SQ，社会工作服务机构管理者，20200708F）

3. 尚未建立引领行业的组织

截至2020年10月，全国已有800多家社会工作行业协会，它们承担政策研究、教育培训、服务评估、项目推介、机构培育等职能。四川省尚未成立引领行业的社会工作组织，目前已有的社会工作组织也存在一些问题。一是社会工作组织比较零散，未形成合力。例如，成都市各区（县）的社会工作协会之间交流不多，下级协会仅向上级协会提供社会工作者和社会工作服务机构的注册信息。二是职能不完善。现有组织大多承担教育培训等工作，而对其他职能履行较少。成都市及其下辖各区（县）的社会工作协会一般仅负责组织开展本地区的教育培训（多为全国社会工作者职业水平考试考前培训），部分地区的社会工作协会还承担孵化培育该区域社会工作服务机构的职能，但是对政策研究、行业引领、规范促进等职能的履行较少。三是社会工作组织内多为兼职员工，且人数较少，工作开展不得力。例如，某区的社会工作协会拥有单位会员 24 个，个人会员 25 人，组织机构包括理事会、监事会和秘书处，其中秘书处仅有 7 名兼职员工（1 名秘书长，6 名项目人员）负责处理该协会的日常工作，他们还需要承担行政工作。四是政府对社会工作组织的支持较少。社会工作组织不得不与其他社会组织“同台竞技”，争取项目资助以维持运转。

“区社会工作协会是市社会工作协会的理事单位。他们将继续教育牢牢地握在手中，实际上他们应该放点权。所以我们更多的是向他们提供信息。市社会工作协会要管理全市的社会工作服务机构及其党建工作。总体来说，市、区（县）的社会工作协会还是独立的。”（LX，某区社会工作协会会长，20200708M）

“我们区的社会工作协会有 6 个项目人员，我们还有 1 个领导，我们的工作就是开展活动，投资方把所有的事情都交给我们，所以跟社会工作组织相关的行政工作我们也在帮忙做，我们经常加班。”（LQ，社会工作服务机构社会工作者，20200704F）

“和其他社会工作组织一样，市社会工作协会的每一分钱都是我们竞标项目得来的。项目经费除了用于发放工作人员的基本工资外，剩下的全部拿来推动行业发展，包括开展免费的培训教育。比较遗憾的是，这几年我们才拿了价值十几万元的项目，而且拿的都是其他社会工作组织不想做的项目。我们曾经连续三年去竞标同样的项目，但我们每次都没拿到。我们有政府背景，就会受到很多限制。其他社会工作组织在做这些项目时只需要遵守民政局的项目规定，不需要遵守民政局的组织纪律规定，因为我们隶属民政局，所以我们要遵守所有的规定，然后还要跟所有的社会工作组织一样，去竞争，却从来没有拿过一个民政局的项目。”（HFW，社会工作行政管理人员，20200702F）

（四）社会工作服务范围覆盖有限

1. 社会工作服务范围有待拓展

社会工作服务范围与领域因社会需求的变化而变化。在国家治理现代化背景下，社会工作在创新基层社会治理方面还缺乏探索和实践，在精神卫生领域、退役军人领域的探索和实践也不够。

2. 社会工作相关政策难以落地

每一项政策，只有精准聚焦、高效落地，才会充分显现政策效应。政策执行效果不佳的重要原因是政策执行者对社会工作参与社会治理的重要作用了解不足。例如，2017 年颁布的《成都专业社会工作优秀人才遴选培养实施办法》的实施效果也欠佳。在具体执行过程中，该文件明确规定的对社会工作优秀人才的资金拨付时间、对优秀人才负责项目的验收安排等内容，都与实际执行情况有所出入，导致在培养社会工作优秀人才的安排中各阶段的任务不明晰，文件实施的效果也有待考量。又如，2018 年四川省民政厅等部门联合发布的《关于加强社会工作专业岗位开发与人才激励保障的实施意见》的实施效果也欠佳。

“我们这个编制很麻烦，现在我们只有 12 个编制，一个钉子一个眼。除了教育科之外，我们单位还有办公室、总务科、财务科。社会工作岗位在教育科，现在只有 1 个人，人手紧缺。受编制的限制，我们只有用购买社会工作服务的形式来解决这个问题。”（JPC，事业单位管理人员，20200704M）

“2010 年就有这个文件，各个部门全部都在推进。但从 2016 年开始，各级领导说不想做就不做了，就结束了。很多政策力度大，但是执行起来就雷声大雨点小，现在又喊交差了。当初我们有计划地推进，现在也就能够完成，但是后来所有项目都不做了，我们正在做的工作全部都被叫停。”（HFW，社会工作行政管理人员，20200702F）

“这个体系本身是很好的，但是管理和执行做得很不好。我于 2016 年入选成都专业社会工作优秀人才，享受连续 3 年的补贴，每年 10 万元。按道理来说去年（2019 年）拨款就应该结束了，但是今年我才拿到第一笔 10 万元。然后喊我们马上就交差，我说钱都没拿到。”（HFW，社会工作行政管理人员，20200702F）

3. 社会工作宣传不够，社会认知度较低

社会公众对社会工作的不了解，会导致对社会工作专业性的质疑，这不利于社会工作的持续健康发展。而社会公众对社会工作的不了解，是受多个因素影响的，包括政府对社会工作宣传不足，政府本身对社会工作的了解和重视不够及社会工作者本身对职业的认识不足等。

一是政府对社会工作宣传不足。在2020年新冠肺炎疫情防控和救治的报告中，我们明显感受到，社会工作的参与其实是有成效的，政府意识到社会工作组织和社会工作力量的价值，意识到社会工作在社会治理中发挥的重要作用，但对社会工作如何发挥作用还不明确，甚至有人认为不应该存在社会工作队伍。二是政府本身对社会工作的了解和重视不够，社会工作宣传难以落到实处。三是社会工作者的专业性及其对职业的认知也影响社会工作认知度。在政府对社会工作大力提倡的环境中，社会工作者的自我反思力度是不够的，大部分社会工作者的专业技术不过硬，他们对这一行业的认可度也不高，在宣传方面的积极性相应较低。社会工作人才队伍的建设对社会工作宣传是至关重要的。社会工作者的专业性不足，其对职业的认可度不高会导致社会公众对社会工作的认知度、认同度都偏低。

“据我了解的情况，在各地，社会工作者其实是这次新冠肺炎疫情中重要的参与者。”（FL，社会工作服务机构负责人，20200705F）

“政府出台的有关政府购买社会工作服务的相关文件，并没有限制提供社会工作服务的主体，这在一定程度上影响了社会工作专业性的增强。”（LX，某区社会工作协会会长，20200708M）

“我觉得现在的重中之重是反思，每个人都应该反思，说穿了，社会工作服务机构里的一些人除了有个证以外，有什么资格说自己是个社会工作者？”（HFW，社会工作行政管理人员，20200702F）

第四章　中国特色社会工作体系构建

社会工作本土化的目标是建设中国特色社会工作体系，不断形成中国特色社会工作理论体系、实践体系等。2019 年，构建中国特色社会工作体系的呼声越来越高。3 月 22 日和 5 月 25 日，中国特色社会工作体系建设座谈会和中国特色社会工作体系建设论坛相继举办。

一、中国特色社会工作的结构

社会工作既是一门学科，也是一种职业，因此，中国特色社会工作包含学科体系和职业体系两大体系。两大体系的发展分别涉及中国特色社会工作教育领域、中国特色社会工作理论领域与中国特色社会工作实践领域三大领域（见图 4-1）。中国特色社会工作教育领域包含对社会工作人才的教育和培训，目标是为中国特色社会工作理论领域与实践领域输送人才，体现的是中国特色社会工作的专业化。中国特色社会工作理论领域包含对中国特色社会工作的反思和科学研究，体现的是中国特色社会工作的科学化，并以理论指导实践，以科学化武装专业化。中国特色社会工作实践领域包含中国特色社会工作的实践和服务，体现的是中国特色社会工作的职业化，职业化可以深化科学化，社会工作者服务能力的提升可以有力推动中国特色社会工作的专业化进程。学科体系基本表现为中国特色社会工作教育领域与中国特色社会工作理论领域之间的双向关系；职业体系基本表现为中国特色社会工作教育领域与中国特色社会工作实践领域之间的双向关系。另外，学科体系与职业体系也互相作用，学科体系的发展推动职业体系的进步，职业体系的发展提升学科体系的建设能力。在整体上，中国特色社会工作需要进行制度建设和能力建设，才能实现领域内的发展和领域间的良性循环。

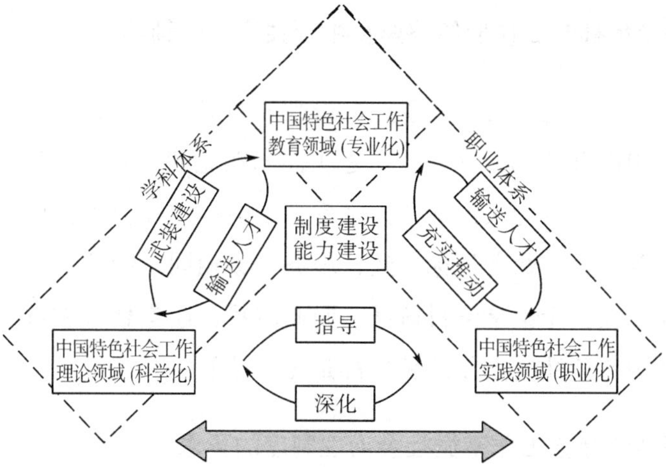

图 4-1 中国特色社会工作的结构

二、中国特色社会工作的内涵

要正确理解中国特色社会工作的内涵，关键在于理解中国特色社会工作与西方社会工作的关系。中国特色社会工作既包含社会工作的一般性，又包含我国社会工作的特殊性。特殊即鲜明的本土特色，具体体现在以下几个方面：

（一）中国特色社会工作以马克思主义为指导思想

习近平在纪念马克思诞辰 200 周年大会上指出："马克思主义始终是我们党和国家的指导思想，是我们认识世界、把握规律、追求真理、改造世界的强大思想武器。"我国哲学社会科学坚持以马克思主义为指导，是近代以来我国发展历程赋予的规定性和必然性，是当代中国哲学社会科学区别于其他哲学社会科学的根本标志。社会工作作为中国特色哲学社会科学的一个重要学科，构建中国特色社会工作体性，必须以马克思主义为指导思想。马克思主义不仅是我们认识社会服务现象、把握社会服务规律、追求社会服务真理、改革社会服务制度的强大思想武器，还提供了丰富的社会福利、社会服务思想，成为中国特色社会工作体系建设的重要组成部分。坚持马克思主义的指导地位，是中国特色社会工作主体性的重要体现，是当代中国特色社会工作区别于西方社会工作的根本标志。

（二）中国特色社会工作应始终坚持中国共产党的领导

党的领导是中国特色社会主义事业取得胜利的根本保证，是中国特色社会主义最本质的特征。2017 年 10 月 18 日，习近平同志在党的十九大报告中指出，坚持党对一切工作的领导。党以为人民服务为宗旨，中国特色社会工作以人民群众，特别是困难群众为服务对象，两者目标一致，服务对象相同。因此，中国特色社会工作坚持党的领导体现在：无论是学科体系、职业体系，还是教育领域、理论领域与实践领域，党对中国特色社会工作的领导都是无条件的。

（三）中国特色社会工作遵循社会治理制度的要求

社会治理制度是中国特色社会主义制度的重要组成部分，也是中国特色社会工作发挥作用的重点领域。党的十九大报告指出，要加强社会治理制度建设，完善党委领导、政府负责、社会协同、公众参与、法治保障的社会治理体制，提高社会治理的社会化、法治化、智能化、专业化水平。这为作为社会力量、专业力量的社会工作介入社会治理提供了机遇和空间，也对社会工作的角色定位及如何发挥作用做出了规范、提出了要求。

（四）中国特色社会工作的服务对象是转型期的中国社会

在社会快速转型期，计划经济时期的政府包揽的行政性社会福利体制已经不再发挥作用，与社会主义市场经济体制相适应的多元共担的社会福利体制还没有完全建立起来并充分发挥作用。在这种情况下，我国出现了众多非常特殊的民生问题，如快速老龄化导致的巨大的养老服务需求，数以亿计的农民工进城导致的流动人口服务需求，农村留守老人、留守儿童、留守妇女的服务需求等。这些与西方社会工作面临的问题不同，对中国特色社会工作的形成产生重要影响，既规定中国特色社会工作理论研究的范围，也规定中国特色社会工作实践服务的对象。

（五）中国拥有独特的历史文化传统，对中国特色社会工作产生重要影响

中华民族悠久的历史文化传统包含着人文精神价值、福利思想和经验智慧，对当代中国特色社会工作的发展具有长远而深刻的影响。尤其是儒家思想和文化所强调的个体责任和家庭观念，是推进中国特色社会工作的宝贵财富。

三、中国特色社会工作体系的建设

回顾中国社会工作发展历程，我们应该肯定前辈对中国特色社会工作所做的探索与贡献。雷洁琼曾经明确指出，民政工作就是具有中国特色的社会工作。毕生从事民政工作的卢谋华作为新时期中国社会工作的拓荒者，自觉将社会工作理论运用到民政领域，坚持构建社会主义社会工作体系。卢谋华所指的社会主义社会工作体系包括三个部分：

（1）社会主义社会工作具有崇高的为人民服务的思想境界，即为服务对象提供物质保障、精神抚慰和民主赋权。

（2）社会主义社会工作的基本功能是社会管理和社会服务。具有构建和谐社会功能的社会工作被纳入整个社会管理系统中。社会服务也是国家公共服务的一部分，它分为政府服务、社团公益服务、志愿服务。同时，社会管理与社会服务是相互结合的。

（3）社会主义社会工作将优化社会工作立法、社会工作政策、社会工作行政、社会工作实务、社会工作咨询、社会工作督导、社会工作教育和社会工作研究等配置，通过政府部门、人民团体、第三部门等，在企业、家庭、学校、社区和司法、公安、医疗、康复、军事等领域开展①。

著名社会学家韩明谟提出，要发展具有中国特色的社会主义的社会工作教育，应该做到五点：一是要从中国的基本国情这一实际情况出发，不可贪大求洋，要以自力更生为主；二是要结合中国社会文化传统考虑问题，既不搞复古主义，也不搞民族虚无主义，而要认真科学地分析总结过去；三是要在不断的艰苦实践中培养人才，促进教育的发展；四是各项教育工作的具体安排都要坚持为了农村、城市的大多数人，为了社会发展，为了未来，为了现代化②。

中国特色社会工作体系的建设要以习近平新时代中国特色社会主义思想为引领，加快学科体系建设、学术与实践体系建设及人才队伍体系建设，推动社会工作的本土化发展。中国特色社会工作理论体系的建设应注重以下两个方面：

---

① 社工中国网. 卢谋华：新时期中国社会工作的拓荒者［EB/OL］.（2017-11-07）［2020-09-18］. http://www.xinhuanet.com/gongyi/2017-11/07/c_129733804.htm.

② 韩明谟. 论发展具有中国特色的社会主义的社会工作教育：社会工作教育本土化问题［J］. 社会工作，1994（3）：4-7.

1. 中国特色社会工作体系的制度建设

（1）围绕社会工作学科体系的制度建设。社会工作学科体系的制度建设体现在制度精神层面和制度结构层面。

首先，在制度精神层面，社会工作学科体系要建设“排他性”或“学科内核”。社会工作与社会学、心理学、管理学等学科是什么关系？专业社会工作与行政社会工作有何区别？这些基本学科定位问题都没有得到解决。社会工作学科暂时没有形成特定的研究纲领和独具特色的理论框架，社会工作学科体系的制度精神尚有欠缺。一门成熟的学科应有其独有的“学科内核”，我们可以将其理解为一种“排他性”。因此，社会工作学科应在借鉴其他学科的基础上，与相关学科厘清边界，形成自己专门化的理论知识和研究方法。同时，社会工作学科要将专业方法在实践中运用，形成自己独特的实践领域、有效的实务方法，以使中国特色社会工作区别于民政工作、社区工作、志愿服务等一系列社会工作的“功能替代物”。总之，理论自觉和实践建构是社会工作学科发展的内在动力。我们开展社会工作学科体系建设的前提是构建本土化的理论体系和探索本土化的实务方法，进而在社会工作学科体系的制度建设中形成一种具有“排他性”的学科精神。

其次，在制度结构层面，社会工作学科体系应进一步优化。社会工作学科体系应由社会工作教育体系、社会工作师资、社会工作学术出版物及社会工作独有的实践四方面构成。一是在社会工作教育体系方面，虽然我们看似已经形成了专科、本科、硕士、博士的学历层次，但在社会工作硕士、社会工作博士的培养上仍有欠缺，尤其是社会工作博士的培养急需加强。现阶段，很多高校只是利用自主招生的优势将社会工作博士点设置在开设社会学等相关专业的学院。这样表面上虽然实现了社会工作学历层次的完整，但从日常研究的开展到博士论文的撰写，社会工作博士都受制于一级学科制度要求，很难做到理论创新与学术突破。随着社会工作学科的日臻发展与日渐成熟，我们应尽快完善社会工作博士教育体系，进一步增强社会工作学科的学术性和独立性。二是在社会工作师资方面，对教师和研究者的培养仍显不足。目前，很多高校依旧聘用社会学和其他相关专业的博士或从境外学成归来的社会工作博士，这样会带来中国特色社会工作实践性不强及西方社会工作实务方法与本土文化相冲突等问题。基于此，我们应该在完善社会工作教育体系的基础上，更多地让本土培养的社会工作师资来开展教育与研究工作，以实现社会工作学科的本土化转型。三是社会工作学术出版物，尤其是社会工作学术期刊，存在很大的欠缺。虽然社会工作学科在建立之初就有了自己的专业刊物，但是至今依然为数不多，而且除《中国社会工作研究》入选中文社会科学引文索引（CSSCI）来源集刊之外，其他刊物均未能成功进入 CSSCI 系列。因此，当下的社会工作研究多使用其他学科的理论、方法，将论文发表于相关学科的专业期刊或综合性期刊上。这样，很多社会工作研究领域不能得到应有的关注，给社会工作学科发展带来了很大的制约。所以，现阶段我们要做的是在已有社会工作学术期刊的基础之上，做强社会工作学术期刊：一方面可以在社会工作学界的共同努力下使既有的社会工作学术期刊进入核心期刊的行列；另一方面要鼓励更多的高等院校和科研机构创办社会工作学术期刊，或者在既有的综合性期刊上开设社会工作的相关栏目。只有这样，才能引领社会工作学科形成自己的理论、方法。四是在社会工作独有的实践方面，社会工作实务未能与社会工作教育、研究紧密结合，面临悬浮式发展的困境，而且严重依赖政府。对此，我们需要进一步完善社会工作专业学生的实习与就业，使社会工作真正成为一门职业，以此来推动中国特色社会工作实务的发展，并在此基础上拾起社会工作被忽略的实践智慧，解决理论和实践的割裂问题，从而有效地利用中国特色社会工作实践为社会工作学科体系的制度建设服务。

（2）围绕社会工作职业体系的制度建设。社会工作职业体系的制度建设体现在四个方面：

首先，将社会工作纳入专业技术类职业体系中，并建设人才培养制度。在现代社会中，社会工作的立足点是职业活动，因此发展中国特色社会工作首先需要建立起社会工作职业体系，应在国家职业体系中将社会工作确定为正式的专业技术类职业，并且建立这一职业所需要的教育、培训、职业评价等制度体系。

其次，设立社会工作岗位，并围绕岗位设置考核及人才激励制度。要使社会工作者稳定地开展职业活动并高质量地提供服务和发挥作用，就必须要在需要的地方设立社会工作岗位。社会工作岗位可以设置在社区、社会服务组织和其他企事业单位中，并且政府部门应该根据服务对象和服务内容将社会工作岗位纳入政府购买社会工作服务的制度体系中。围绕社会工作岗位的设立，政府部门必须建立一套制度体系，包括社会工作岗位设置的数量和结构、社会工作岗位的职责、各类社会工作岗位从业人员的资质和业绩要求，以及对各类社会工作岗位从业人员的考核和激励等。按照专业化和政府公共服务的要求对社会工作岗位制定必要的服务标准，并建立相应的考核评估制度。按照专业技术类职业的标准建立健全对社会工作者的激励保障制度，包括薪酬制度、职称和晋升制度，以及其他奖励制度。根据社会工作岗位发展的需要，进一步优化社会工作人才培养制度。

再次，围绕社会工作组织体系的建立和运行，建设相应的制度体系。在现代社会中，社会工作是嵌入到社会工作组织体系中的，社会工作者都在一定的社会工作组织中服务，社会工作岗位也在一定的社会工作组织中设立。因此，为了社会工作组织体系的建立和运行，政府部门应该建立相应的制度体系，包括规范社会工作组织的制度体系、规范社会工作者成员组织（社会工作者协会）的制度体系，以及规范其他设立了社会工作部门和岗位的组织（医院、学校、企业等）的制度体系。

最后，完善社会工作财政制度，建设稳定的社会工作财政制度体系。在现代社会中，社会工作属于公共服务范畴，其资金主要来源于公共财政。因此政府部门应该形成一套专门的社会工作财政制度，将社会工作运行和发展所需要的资金纳入政府财政预算，并以制度化的方式向社会工作组织提供所需要的资金。

2. 中国特色社会工作体系的能力建设

（1）社会工作教育能力建设。社会工作教育是社会工作理论与实践形成的基础，为社会工作理论与实践输送人才。除了完善社会工作学科体系的制度建设和社会工作职业体系的制度建设，社会工作教育者还应不断提升自身的能力素养，结合中国社会的具体特点，培养中国社会需要的理论和实践人才。另外，社会工作教育者还可以借鉴其他国家的培养模式，不断改进教育培养体系，增强教育培养能力，提高教育培养水平。

（2）社会工作理论能力建设。社会工作理论能力不足导致社会工作学科发展受限，人才无法实现有效供给，服务实践缺乏宏观性、系统性分析视角。若要建构中国特色社会工作体系，就要系统阐释中国社会问题的形成机制，以及面向中国社会问题的中国特色社会工作的功能和定位。

首先，社会工作理论能力建设要求理论研究者能够对转型期的中国及个人和家庭的影响进行全面系统把握。转型期的中国具有较强的国家性和较弱的社会性。这决定了中国特色社会工作的政府主导特色。这就要求理论研究者既要响应国家号召，又要扎根实践，了解民生需求。

其次，社会工作理论能力建设要求政府官员、科研工作者和服务实践者保持合作、交流和反思。中国特色社会工作理论研究不能仅发生在大学或科研机构，政府官员、科研工作者和服务实践者应三方互动、共同参与中国特色社会工作科学研究。只有对国家政策、一线工作和科学研究进行实证与反思，才有可能使中国特色社会工作理论研究被认可，才有可能推动学科和行业发展。

最后，政府应鼓励高校、科研院所、各级党校的专家学者进社区，通过建立实践基地、组建跨学科研究团队等方式积极推动研究成果向实际工作转化，解决治理过程中的难题。

（3）社会工作实践能力建设。社会工作实践能力不足除了与教育领域人才有效供给不足、职业体系的制度建设不完善有关，还在于实践者自身的能力不强。服务对象是社会工作者实践能力最直接的体验者，实践能力的强弱关系社会问题能否有效解决。社会工作实践能力建设包括以下几个方面：

首先，要实现社会工作者专业知识的内化和外化。这里的社会工作者既包括高校的社会工作专业的毕业生，也包括接受继续教育的本土性社会工作者。他们在学习中要将社会工作知识、方法和技巧内化，并在实践中将其外化并作用于服务对象，方可实现实践能力的提升。

其次，在实践的过程中，社会工作者应不断反思、总结，并将反思、总结的内容归纳为经验性的理论，再将理论应用于实践，如此反复，方能促进社会实践能力不断提升。

最后，建立以问题为导向的社会工作服务模式，鼓励社会工作者解放思想，以满足需求为目标，不断创新。社会工作人才队伍应参与到社会治理创新和社会服务创新当中，以服务对象的需求为导向，为实现国家治理现代化贡献力量。

第五章　四川省社会工作健康发展推进策略

在中国特色社会工作不断发展的大环境下，四川省社会工作应坚持中国特色社会工作的本土化和四川省社会工作的本土化取向，形成健康的具有四川特点的社会工作。

一、加强社会工作顶层设计

（一）明确权责，推动地方性社会工作职业立法

制度化是推动社会工作专业化和行业化的重要保障。社会工作立法是推动社会工作职业化发展的重要条件。四川省可根据本省社会工作实践的具体情况，参考《珠海市社会工作促进办法》《汕头经济特区社会工作者条例》和《广州市社会工作服务条例》等社会工作立法，借鉴境外社会工作立法的成功经验，推动地方性社会工作职业立法。四川省社会工作立法从职业角度和事业角度展开可能更具现实意义。从职业角度立法，以《四川省社会工作者条例》为名称较为合适，在目前立法资源紧张的情况下，职业立法优先于事业立法也是一个较为普遍的做法。从事业角度立法，就是把社会工作视为一项社会福利事业，从法律上确立社会工作基本制度及相关主体的责任，其表现形式可以是《四川省社会工作条例》。《四川省社会工作条例》可以从总则、社会工作基本制度、社会工作服务机构、社会工作者、社会工作者协会、社会工作服务对象、社会工作经费投入与条件保障、社会工作管理和监督、法律责任等维度拟定。

（二）明确目标和定位，制定整体性发展规划

一是要重新审视和明确四川省社会工作的发展目标、功能定位，聚焦四川省社会工作发展的战略方向。二是在社会工作立法的基础上编制四川省社会工作事业发展规划，具体包括指导思想、基本原则、战略目标、主要任务、体制机制、重大政策、重点工程和保障措施等方面的内容，并找出四川省社会工作急需加强建设的薄弱环节，实施与之相应的建设工程。三是将社会工作纳入四川省社会治理现代化进程，发挥社会工作参与社会治理的专业优势和积极作用。四是建立健全政府购买社会工作服务的持续性和稳定性机制，加大政府购买社会工作服务的预算投入，四川省民政厅作为政府购买社会工作服务的主要力量，应制度化提高政府购买社会工作服务中国家及省级福彩公益金的比例，为社会工作服务机构提供可持续的、更多的资金支持，创造社会工作行业发展条件。

（三）转变观念，理顺社会工作服务机构管理机制

随着社会工作服务机构数量的日益增长，民政部门应理顺社会工作服务机构监督管理机制。首先，四川省民政厅社会组织管理局应建立健全《四川省社会工作服务机构管理办法》，要加强对社会工作服务机构的监督管理，督促社会工作服务机构建立相关制度并严格执行制度，督促社会工作服务机构按时参加审核和年度检查，按时报送年度报告，引导社会工作服务机构规范化发展。其次，民政部门应该完善行政执法制度规范，对应予撤销登记的社会工作服务机构严格依法执行撤销流程，对社会工作服务机构的违法行为依法进行处罚。最后，民政部门应适当增加监督管理人员和行政执法人员，保证监管和执法顺利开展。

二、强化社会工作专业队伍建设

（一）改革高校培养模式，促进社会工作人才有效供给

一是构建教育界、实务界（资深民政部门工作者、资深社会工作服务机构社会工作者）和政界多方培养的社会工作人才培养模式，改变教育界单一的培养模式，提升社会工作专业学生的多元化、本土化能力。二是突出社会工作教学的实践属性。社会工作教育者应扎根实践，并依托实践开展教学。高校社会工作培养方案应

适当增加实践学时占比，并为学生提供有益的实践场所和有效的实践指导。四川省应鼓励高校与民政部门、街道社区、社会工作服务机构等广泛合作，建立能用的、有用的、会用的实践基地，一方面规范实习实训，提升学生的实践能力，另一方面让社会工作专业教师在实习指导中了解社会工作实践动向，为社会工作实践研究创造机会。三是培养社会工作专业学生的反思能力。社会工作是一门需要不断反思的实践性学科，社会工作理论与实践教育应培养学生具备对社会工作知识、实践场域、本土文化等的反思意识和反思能力。四是课程体系应顺应时代要求，增加社会工作与社会治理、社会工作与民政工作相关课程，使社会工作教育紧跟时代要求，使所培养的社会工作人才能够真正应对社会问题和回应民政对象的需要。

（二）设计系统性的社会工作继续教育培训体系，提高继续教育效能

四川省民政厅应建立健全社会工作专业人才培训制度，组建四川省社会工作专业人才培训团，多方位吸纳高校、民政部门、社会工作服务机构等的专业化人才和本土化人才，壮大师资队伍，紧跟时代和社会需求，因地制宜，设计系统性的社会工作专业人才继续教育培训体系，对不同的社会工作专业人才进行分类，有针对性地设计系列培训课程，真正提升社会工作专业人才培训质量。具体包括：

（1）由各区（县、市）社会工作协会或民政局社会工作者管理部门组织开展社会工作者入职培训和社区工作人员在岗培训。

（2）各市（州）社会工作协会或民政局社会工作者管理部门组织开展为期两年的高层次社会工作人才实务培训和督导培训，在培训中除了全面培养受训者社会工作职业能力，还要根据受训者服务范围的不同，分类培养专业人才。持证且有一年实务经验者自愿报名，并由培训组织方进行考核遴选后方可受训。组织实施的具体经验可参考成都市社会组织社区和社工人才服务中心举办的两年制高层次社会工作人才培训。

（3）四川省社会工作者协会或四川省民政厅有关处室负责为社会工作继续教育提供交流平台。一是搜集总结地方先进经验，并定期组织各地集中学习；二是召集政府、教育者和服务者三方的代表定期交流与研讨；三是在四川省民政厅增加从事社会工作理论与政策研究的在编人员或组建四川省民政厅社会工作理论、实践与政策研究团队，提炼民政工作精华，凝练四川省社会工作方向，贡献社会工作智慧。

（4）四川省民政厅可定期组织全省民政局局长进行系统的社会工作培训，理解社会工作理念，提升民政系统领导干部对社会工作的认识，强化民政系统领导干部

在社会工作人才引进、岗位设置和政府购买社会工作服务等方面的认同，创造有利于社会工作发展的民政环境。

（三）加强社区两委与社会工作互动，促进两支队伍融合发展

中国特色社会工作的发展以专业性社会工作队伍与本土性社会工作队伍并存为特征。两支队伍各有优势，相关部门应采取措施促进两支队伍优势互补，融合发展。一是要提升本土性社会工作队伍的专业性，实现社区两委社工化。四川省应加强对以社区两委为主的政府管理与服务部门的干部、群众团体干部、基层干部、社区工作者的专业培训，鼓励本土性社会工作者参加全国社会工作者职业水平考试，提高持证率。二是专业性社会工作者要丰富本土化工作经验，实现社会工作者两委化。专业性社会工作者要主动与本土性社会工作者互动合作，学习本土性社会工作者熟悉基层、了解政府运作、具有丰富实践经验等长处，两者形成合力，融合发展，建构新型社会工作实践体系。三是社会工作服务与社会工作行政应各司其职，避免专业工作行政化。四是通过制度设计，确保“三社联动”服务机制的有序化、常态化运行，有效加强社区两委、社会工作服务机构和社区居民等主体的多向多元互动，进而提升社区两委和社会工作服务机构在社区的服务力、影响力和感召力。

（四）完善优化落实社会工作者的职业发展体系

社会工作行业的薪酬福利宜采用政府指导和市场调节相结合的方式。社会工作者的薪酬应以同等条件的专业技术人员的薪酬为参照，至少不应低于在岗职工平均工资。人力资源和社会保障部门应按照专业技术类职业的标准建立健全和贯彻落实对社会工作者的激励保障制度。

（1）四川省应明确社会工作薪酬福利的制度和机制，包括：一是按不同领域或不同层级分类制定社会工作者薪酬指导标准，保证社会工作者平均薪酬不低于在岗职工平均工资。二是建立薪酬指导标准动态调整机制。政府有关部门或行业协会应根据消费者物价指数（CPI）涨幅和在岗职工平均工资等因素定期调整薪酬指导标准。三是建立政府购买社会工作服务成本核算制度。政府应尊重社会工作的专业品格和专业价值，在确定购买社会工作服务价格时要充分考虑社会工作的人力成本和服务过程成本，提高薪酬福利在购买社会工作服务中所占比例。四是建立社会工作经费多元化筹措机制，改变社会工作经费主要来源于政府的局面。

（2）四川省应落实现有的社会工作聘用聘任政策，并建立社会工作者职业晋升

制度。根据2018年四川省民政厅等部门联合发布的《关于加强社会工作专业岗位开发与人才激励保障的实施意见》，相关部门应贯彻落实现有政策中关于社会工作者聘用聘任的部分，建立社会工作者专业技术职业晋升制度，拓展社会工作者的职业发展空间。

（3）四川省应出台并细化社会工作者奖励制度，遴选省内社会工作拔尖人才，予以住房、就医、子女教育等方面的激励保障。四川省应将社会工作专业人才纳入高层次人才支持计划，在四川省省内遴选从事社会工作达到一定年限，且成绩突出、引领示范作用明显、在业界具有较强影响力的社会工作优秀人才。对入选的社会工作优秀人才，除了颁发荣誉奖励之外，相关部门可发放人才绿卡。社会工作优秀人才凭卡享受四川省高端人才住房安居、子女入学、医疗保健等待遇。

三、打造有品质的社会工作服务平台

（一）改革政府购买体制机制，形成“1+3”的多元购买格局

（1）在购买制度方面，国家要完善《中华人民共和国政府采购法》和《中华人民共和国政府采购法实施条例》，明确政府购买社会工作服务的范围与程序，规范相关主体的权利与义务，推进政府购买社会工作服务的法治化进程，不断完善政府采购法及其相关法律制度，逐步形成政府购买社会工作服务的可持续发展机制。

（2）在购买投入方面，四川省一是应建立公共财政和公共预算制度，将一部分社会工作服务纳入政府必须拨款的基本服务清单；二是应重新核算成本，增加人力资源方面的投入金额与投入比例；三是应适度提高政府购买社会工作服务的结存金额占比，使中标的社会工作服务机构可以利用此类款项提升自身发展能力；四是应加大对社会急需项目的资助力度，如对居民、社区发展类项目予以大力支持，对在省内偏远、民族地区开展的社会工作服务予以大力支持。

（3）在购买管理方面，四川省应建立专门的机构或政府委托基金，实现政府购买社会工作服务的专业化；培养并引入专业机构对政府购买社会工作服务进行专业管理与评估；适度延长政府购买期限，建立长期的社会工作服务机构资助、委托制度，根据社会工作服务机构的发展程度进行补贴，帮助社会工作服务机构健康成长。

（4）在购买内容方面，四川省应形成“1+3”的多元购买格局。“1”是指体制

内的社会工作岗位。体制内的民政系统、国有企事业单位及工会、青年联合会、妇联、残联等组织应根据实际需要和规划设置社会工作岗位，由专业社会工作者负责社会工作的项目规划、管理等行政工作，以保障国有企事业单位及组织中社会工作的行政工作正常运转。“3”是指政府向体制外的社会工作服务机构购买社会工作岗位、购买社会工作服务和购买社会工作服务站。在体制外，四川省应该将社会工作岗位、社会工作服务和社会工作服务站，根据社会工作服务对象和服务内容纳入政府购买社会工作服务的制度体系中。一是在社区、社会工作服务机构和其他企事业单位中设置社会工作岗位，按照专业化和政府公共服务的要求对社会工作岗位制定必要的服务标准，建立相应的考核评估制度。二是政府购买社会工作服务依据既有程序稳步推进，创新政府购买社会工作服务方式，大力倡导专业社会工作者进社区，参与基层社区治理。三是政府购买社会工作服务站，力求在每个乡镇（街道）建立一个社会工作服务站，每个社会工作服务站配置2~4名社会工作者，由各地民政部门向社会工作服务机构购买社会工作服务站。社会工作服务站可不直接提供服务，而是统筹、协调社区各类资源，形成多元参与的局面。社会工作服务站要聚焦民政部门主责主业，包括社区治理，精准了解民政重点服务对象的需求，重点发挥社会工作在聚焦特殊群体、群众关切等方面的积极作用，协助民政部门履行好基本民生保障、基层社会治理、基本社会服务等职能。社会工作服务站要重点关注包括最低生活保障人员、困难残疾人和重度残疾人、生活无着流浪乞讨人员、留守儿童和困境儿童、留守老人在内的民政重点服务对象。社会工作站的社会工作者要通过探访摸查，全面准确掌握重点服务对象的基本信息，做社区的“明白人”，夯实民政工作根基，加强社区治理。

（二）为社会工作服务机构内源性发展提供政策支持

政府应鼓励社会工作服务机构“造血式”发展，利用四川省社会企业数量优势，支持“社企+社工”的发展模式，以商业激活服务。政府购买社会工作服务背景下成长起来的社会工作服务机构对政府资源具有天然依赖。寻找替代性资源，减少唯一性依赖，是社会工作服务机构解决资源依赖问题的重要措施。

（1）鼓励社会工作服务机构发挥资源链接能力，多渠道筹集资金。社会工作服务机构发展所必需的资金和资源，不仅可以从政府部门获得，还可以从个人筹资市场、企业筹资市场和基金会市场获得。在资源筹措的过程中，社会工作服务机构必须高度注重公信力建设，注重专业服务能力建设，通过服务成效展现捐赠价值，掌握各类筹资市场主体的捐赠动机，结合不同捐赠主体的需要发现共同利益点，推动捐赠行为发生。政府在此过程中应该做好监督管理工作，督促社会工作服务机构秉持透明运作原则，提升公信力，为社会工作服务机构建设提供全方位的支持。

（2）推进“社会工作服务机构+社会企业”的发展模式，增强组织“造血”功能。四川省已有社会企业 60 多家，数量上在全国仅次于广东省。在保持组织非营利性特征的前提下借鉴商业组织经营策略，可以使社会工作服务机构最大限度获取重要发展资源。社会工作服务机构在依赖政府资源的同时，可广泛借鉴欧美地区和香港特别行政区非营利性组织的发展经验，在维护组织宗旨的前提下，成立社会企业，或者使自身逐渐转化为社会企业，通过参与市场经济获得经营性收入，并将该收入根据组织使命全部或大部分用于公益服务，通过可靠、持续的经济活动创造财富，开展公益服务，增强组织“造血”功能，降低对政府资源的依赖程度。在这一过程中，政府要对社会工作服务机构进行大力支持，督促社会工作服务机构积极回应社会需求，不可受功利主义驱动而偏离非营利性宗旨，不可损害公共利益。

（3）社会工作服务机构要提升服务能力，积极探索有偿服务、低偿服务发展模式，增强组织“造血”功能，推动自身内源性发展。

（三）成立政府引领的横向服务功能和纵向管理功能相结合的行业组织

目前，四川省仍然欠缺具有公信力的平台去做有力的行业发展推进，而且就其他省（自治区、直辖市）的经验来看，省级行业组织即使成立，也可能遭遇话语权分散、对不同板块或分支无力掌控的局面。

（1）政府要充分引领建立具有公信力的行业组织，并在政策上对行业组织予以支持。四川省需要一个具有公信力的平台（如组建成立四川省社会工作协会或四川省社会工作者联合会），以推动社会工作行业的发展。公信力的形成，一是需要政府引领。政府应明确四川省社会工作的发展目标，强化行业组织的使命感与责任感，使行业组织明确自身业务范围与职责使命。二是需要在政府、高校、实务界推选产生具有代表性的行业组织理事，以代表省内社会工作者的利益。三是需要遵循公开透明的运行原则。四是需要行业组织重视社会工作专业伦理。行业组织应倡导四川省社会工作者遵循社会工作伦理规范，对行业中有违伦理规范的行为进行纠正。政府对行业组织的支持主要包括资金、人员和项目等方面。在资金方面，政府应为行业组织的初创发展提供支持资金，确保行业组织的正常运营；在人员方面，政府应聘请专业的经营管理人员做好行业组织的经营管理工作；在项目方面，政府应支持各级行业组织承接孵化培训类、政策研究类项目，充分发挥行业组织引领行业发展的作用。另外，政府应对行业组织赋权，支持行业组织对全省社会工作制度规范进行修订和完善。

（2）政府应综合设计横向功能机制。从横向功能机制来看，四川省在组建四川省社会工作协会或四川省社会工作者联合会等行业组织时，要全面考虑行业组织的协调性和功能性。行业组织的协调性要求行业组织主要负责人和成员的多元化。行业组织的功能性要求行业组织应根据社会工作综合发展情况设置有效的功能板块，增强社会工作的专业性和合法性。

（3）政府应建立行业组织的纵向管理机制，有机整合全省范围内的会员单位。目前，四川省内各级社会工作协会都面临权力上移、功能不完善、对会员及会员单位的引导作用不显著等情况。因此，省级社会工作协会应将市（州）、区（市、县）社会工作协会纳入纵向管理机制，将孵化培育、组织管理等功能下移，并按规定定期逐级向上汇报。省级社会工作协会则主要负责行业引领、政策研究、规范促进等工作，不宜重复履行下辖两级社会工作协会的职责，避免浪费资源，从而形成省级社会工作协会负责统领全局、引领行业发展，市级社会工作协会居中协调、组织交流、上传下达，区级社会工作协会负责组织培训等具体事务，省市区三级社会工作协会各司其职、各展所长的组织结构。

（四）社会工作融入基层社区治理，参与民政领域社会救助工作

四川省应将社会工作引入基层治理，明确社区两委、社会工作者在社区治理中的职责与分工，提高基层社会治理的现代化水平。在社会工作融入基层治理的过程中，社会工作服务机构应依托社区，参与民政领域的社会救助工作。

（1）四川省应充分发挥社会工作服务机构、政府购买社会工作服务在民政领域中的作用，广泛实施人民群众需要的社会工作服务项目，创新服务方式和服务内容，重点服务低收入群体、低保群体、孤弃儿童和事实无人抚养儿童、农村“三留守”人员、困难残疾人、生活无着流浪乞讨人员等各类困难群体，并缓解其贫困。

（2）四川省应深化发展社会工作项目，推动传统群众工作与社会工作融合，发挥群众自治组织的基础性作用，形成群众的事情群众办的良性格局。

（3）四川省应注重发挥志愿服务的重要作用，积极整合社会力量，让志愿服务常态化。

（4）四川省应增强群众自治意识，拓宽群众参与治理的渠道，依托基层党建等

平台，整合包括市场主体在内的社会资源，积极为社区群众提供所需所急之服务，形成基层治理多元主体互动的局面。总之，社会工作者在介入社区治理和民政工作时需要对理念和目标有清晰认知，立足社区的基本需求，把握服务范围，在制度上不断完善，使社会工作的专业性更好地体现出来。

四、丰富社会工作实践

（一）开拓服务领域，拓展社会工作的广度和深度

社会工作的服务领域非常宽泛，涉及社会中所有处于困境的群体。当前四川省社会工作的服务领域主要是通过社区社会工作服务来体现的。大部分的社会工作集中在社区，或者社会工作实践主要依托社区平台来开展。主要服务对象是儿童、青少年、老年人、残疾人等群体，社会工作在学校、医务、禁毒、精神卫生、优抚安置、反贫困、司法、民族社会工作等领域介入不多。

（1）民政部门要充分收集社会各界的需求，倡导在有必要设置社会工作的领域，如学校、医院、禁毒部门、司法部门等，通过在体制内设置社会工作岗位，在体制外购买社会工作岗位和购买社会工作服务的方式使社会工作介入有服务需求的领域，发挥社会工作的专长。

（2）在民政部门的倡导下，各购买主体应为承接服务的社会工作者提供支持性的培训。社会工作者向来以向贫弱群体提供物质上的帮助和社会关系上的支持为主，对其他专业性服务领域，如医务、司法、禁毒等方面的知识是相对缺乏的。由各领域购买主体提供支持性的培训，可以让社会工作者尽快熟悉服务内容，掌握各服务领域的专业知识，了解服务对象的特殊性，提升为特殊群体服务的能力。

（3）社会工作专业院校要突出和加强对社会工作专业本科学生和专科学生的通识性教育，根据社会工作实务需求和以社区为本的社会工作服务取向，加强“通才”培养，同时要根据四川省实际和高校特色，凝练社会工作特色，强化对社会工作硕士、社会工作博士的“专才”培养。

（二）扩大服务区域，加快推进社会工作均衡发展进程

四川省社会工作存在地区发展不平衡的问题。除了省会城市、试点地区的社会工作开展较好外，非省会城市、非试点地区的社会工作发展进程较为缓慢。社会工

作是政府提供公共福利服务的有机组成部分，社会工作发展不平衡的背后是政府公共服务资源配置的非均等化。2017 年中共中央办公厅、国务院办公厅在印发的《关于加强乡镇政府服务能力建设的意见》中明确要求，要充分发挥社会工作专业人才在乡镇公共服务提供中的作用，重点加强老少边穷地区农村社区相关机制建设。农村社会工作是一项复杂而又充满挑战性的社会工作，也是中国特色社会工作的一个重要组成部分。四川省民政部门应重点倡导推进社会工作由省会城市扩展到其他城市，由农村示范地区扩展到其他农村地区，将社会工作纳入城乡社区公共服务体系，在农村社区建立社会工作服务站，引入社会工作人才，在政策支持、资金保障、岗位设置、人员配备等方面促进社会工作在四川省全域均衡发展。

（三）改变量化为本的评估方式，优化社会工作评估体系

1. 逐步健全社会工作评估机制

完善社会工作评估机制首先要从制度层面给予相应的保障。四川省应通过制度确保社会工作评估的科学性和规范化，逐步形成合理、灵活的社会工作评估机制，即实现社会工作评估机制全国性规范与地域性特色相统一，建立动态监察机制，确保评估的常态化、针对性与全面性。四川省一方面要加强规范指导与监管，保证社会工作评估的标准化与程序化，保障社会工作服务的有效性，增强社会工作的公信力；另一方面要使评估具有本土性和灵活性，为专业价值的彰显创造足够的空间，拓展社会工作服务机构自我管理和自我成长的空间。

2. 积极培育社会工作评估主体

社会工作评估主体具有多元性特点，即评估主体除了科研院所、政府部门之外，社会组织、服务对象、新闻媒体等可作为主体参与到评估中。因此，四川省在建立以第三方评估为核心的机制时，要注意培育社会工作评估主体，汇集包括第三方评估机构在内的更广泛的、多元化的社会力量（政府部门、服务对象、社会公众），形成多视角的监察机制，将评估行为和后续工作合成一个关联的整体。在服务对象对社会工作服务机构的服务感到持续不满时，相关部门应设置提前终止合作的退出机制。

3. 不断完善社会工作评估内容

社会工作评估既要重视对社会工作服务成效的评估又要重视对社会工作服务项目的整体评估。衡量服务质量的标准是开展社会工作评估的关键，所以不断完善社会工作评估内容是优化社会工作评估机制的核心环节。社会工作评估目标不仅在于

证明社会工作服务的有效性，考察社会工作服务的效率与效能，还在于倡导先进理念，分析社会问题，建立公信力。社会工作评估目标的复合性，决定了社会工作评估内容的多维性。社会工作评估内容应包含专业服务、量化绩效、服务质量及服务管理四个方面。一是专业服务。社会工作要配备社会工作者、督导人员，运用专业方法。二是量化绩效。服务数量可以分为社会工作服务机构整体工作量和社会工作服务机构内社会工作者平均工作量，还可以通过服务建档人数，个案、小组、社区服务数量和人次，督导次数来体现。三是服务质量。服务质量可以结合服务对象的受益情况、社会工作的社会效益、服务对象及相关人员对社会工作的满意度及相关部门和组织对社会工作开展情况的认可度和评价情况进行评估。对服务质量的评估要求评估主体花费较长时间观察和开展范围广泛的调研。四是服务管理。服务管理包括机构的制度建立情况、计划的制订及执行情况、服务资料的提供情况、服务记录情况、财务管理情况、人力资源管理情况等。

4. 优化设计社会工作评估程序

在优化设计社会工作评估程序时，相关部门应努力增强评估程序的动态性和灵活性，对项目实施的各个环节进行动态监察，全面展现项目的运作过程及其成效、影响；应整合内外部评估过程与评估结果并将其置于评估模式之中。

五、创造更好的社会工作发展环境

（一）构建良性互动的合理政社关系

打造共建共治共享的社会治理新格局，离不开政府与社会之间的良性互动和密切配合。政社互动未来将朝着政社互动、合作治理的方向迈进。实现这一目标的首要前提是政府转变治理观念与变革治理方式，政社之间借助委托、契约、服务购买等方式有效实现良性互动与合作。具体来说，一是要厘清政府和社会工作服务机构的职能边界，避免边界异化。政府在引导与监督社会工作服务机构运营、培育和引导社会工作服务机构发展、为社会工作服务机构创造公平的发展环境等方面应切实履行应有职责，而在社会工作服务机构应负责的具体工作领域，政府则不应过度监管。政府应把坚持对社会工作服务机构的监督评估与尊重社会工作服务机构的独立性和自主性有机结合起来，积极构建政社在法律上和实践中的良性关系。二是政社双方要信守契约。首先政府要转变依赖科层制下运用命令式的权威手段进行管理的传统观念，避免单方更改或中止契约。其次政府要通过多元社会工作评估主体来评估社会工作服务机构的服务质量及绩效，改变公共服务由政府行政评议的做法，社会工作评估主体与社会工作服务机构应没有上下级之间的业务来往，以免社会工作评估主体变质。最后政府通过制定规范化的契约模板，建立合理化、规范化的契约管理模式，以确保契约双方减少争议、增加信任，进而使契约管理过程更加顺畅。三是社会工作服务机构要紧跟时代发展需要，积极投身基层社会治理和社会治理能力现代化，在提供有效的居民服务之时，注意影响基层社区组织，并注重对功能型和服务型社区组织的孵化和培育，传递“助人自助”的服务理念，形成互动、互助、互信的社区文化，发挥其在基层社区治理中的组织、示范和引领作用，推动人人有责、人人尽责、人人享有的社区治理共同体建设。

（二）重视对社会工作服务机构负责人的培养，助推行业发展

社会工作者是政府与社会之间有效沟通的桥梁。社会工作服务机构能够把社会工作者组织起来，因此，社会工作服务机构的使命坚守和能力建设是社会治理中的重要环节。一是要提高社会工作服务机构负责人的政治站位，始终坚持党的领导，要求社会工作服务机构负责人深入学习领会中央和省委省政府关于发展社会工作的决定，把思想和认识统一到中央和省委省政府的决策部署上来，培养全省社会工作发展的全局意识；二是增强社会工作服务机构负责人对社会工作的价值认同，确保社会工作服务机构坚持正确的社会工作服务方向；三是强化社会工作服务机构的服务能力建设，引导社会工作服务机构重视内部建设，形成重视社会工作人才、重视督导人才、重视品牌打造的良好氛围。

（三）加强多方宣传，提高社会工作的认可度

目前，四川省社会工作还面临知晓度与认可度较低的问题。对此，政府一是应重视对社会工作的宣传，尤其是当前在新媒体平台上对社会工作的宣传；二是应明确社会工作服务机构是党和政府领导下的社会治理主体之一，应该鼓励社会工作服务机构宣传自身的专业性与服务性，让公众知晓社会工作的多元治理主体地位，重视社会工作在社会治理中的重要作用；三是社会工作服务机构要通过服务的扎实性、专业性、有效性、独特性，传递社会工作理念，展示社会工作魅力，提升全社会对社会工作的知晓度和认同度，同时要处理好“宣传的社会工作”和“社会工作的宣传”的关系，重视社会工作的宣传，但要避免社会工作的过度宣传。

（四）科技赋能，搭建数字化的社会工作信息平台

四川省应依托社会工作协会，以社会工作者的培训，社会工作服务机构的组织、孵化为契机，建立省、市、区三级社会工作者信息管理系统。具体做法如下：

（1）各区（县、市）社会工作协会或民政局社会工作主管科室可以依托全国社会工作者职业水平考试的考前培训，收集本辖区内有意愿参加培训的人员信息，将相关培训与社会工作者信息登记工作相结合，完成信息平台建设。

（2）赋权各市（州）社会工作协会管理下辖区（县、市）的社会工作者信息，并依托培训、孵化机构登记在市（州）内登记的社会工作者信息；赋权省社会工作协会管理下辖市（州）的社会工作者信息。

（3）在建立社会工作者信息平台的同时，四川省民政厅要建立并完善四川省社会工作专家信息库，以备项目评审、政策研究等，避免项目评审时专家选择的临时性、随意性。由此，四川省可以建立覆盖全省的社会工作信息平台，为社会工作的数字化管理提供便利。

第六章　社会工作核心概念(问题)汇编

1. 社会工作

社会工作是一门专业，也是一种职业。2014 年，澳大利亚墨尔本召开的世界社会工作联合大会对社会工作的全球定义是：社会工作是以实践为基础的专业，又是促进社会发展、增强社会凝聚力、赋权并解放人类的学科。社会工作的核心准则是追求社会正义、人权、集体责任和尊重多样性。基于社会学、人类学和本土化知识的理论基础，社会工作使人们致力于面对生活的挑战，提升生活的幸福感。中国社会工作使用较多的定义是：社会工作是秉持利他主义价值观，以科学知识为基础，运用科学的专业方法，帮助有需要的困难群体，解决其生活困境问题，协助个人及社会环境相互适应的职业活动①。

2. 社会工作者

社会工作者是秉持社会工作价值观，运用社会工作专业方法，从事职业性社会服务的人员。其基本特征如下：①认同并遵循社会工作的价值准则，有全心全意为受助者服务的理念，不从助人过程中牟取私利；②他们是以从事社会福利服务为职业的人员；③掌握一定的社会工作专业方法；④获得专业认可；⑤综合运用社会工作知识、理论和方法，有效提供社会服务②。

---

① 王思斌. 社会工作概论［M］. 3 版. 北京：高等教育出版社，2004.

② 王思斌. 社会工作概论［M］. 3 版. 北京：高等教育出版社，2004.

3. 志愿者

志愿者是指不以物质报酬为目的，利用自己的时间、技能等资源，自愿为国家、社会和他人提供服务的人；而注册志愿者是指按照规定的程序，在共青团组织及其授权的志愿者组织中注册登记、参加服务活动的志愿者。志愿者的行为是个人行为，是完全自愿的，具有社会价值，志愿者是有组织的，活动动机也是利他的和无私的。

4. 社会工作者与志愿者的区别

（1）报酬取得不同。社会工作者是受薪人员，也就是说社会工作者是拿工资的，而志愿者无偿付出自己的时间、精力、金钱等，没有任何报酬。

（2）专业技能要求不同。社会工作要求专业的知识和技术，如个案社会工作知识、聆听技术等；涉及公益事业的志愿工作有时候也需要一定的方法和技术，但社会工作需要特有的专业知识和技术。

（3）伦理遵循不同。社会工作要遵循严格的社会伦理和专业伦理；志愿工作也要遵循社会伦理，但相比社会工作，没那么严格和专业。社会伦理是社会工作者所必须遵守的，非常严格，有时甚至会跟社会总体的价值观相冲突。

（4）从业资格不同。社会工作者需要有从业资格，人力资源和社会保障部、民政部将在每年 6 月实施全国社会工作者职业水平考试（受新冠肺炎疫情影响，2020 年、2021 年的考试时间调整为 10 月）；而志愿者则不受职业资格的限制，只要是自愿的助人活动都可以被看作志愿服务。

（5）服务范围不同。志愿工作的服务范围要比社会工作的服务范围更广，包括一系列为了他人、社会而提供的无偿性服务，而社会工作则专指专业社会工作者所从事的服务活动。

5. 民政工作与社会工作的关系

民政部门的基本职责为：保障基本民生、创新社会管理、促进国防建设、强化社会服务。与社会福利和社会工作直接相关的工作有城乡社会救助、拥军优属和优抚、退伍军人和军队离退休干部安置、农村养老保险和社会福利服务。

民政领域是社会工作的主要服务领域，民政部门是社会工作事业发展的行政管理部门。社会工作服务机构主动而有效地参与基本民生保障、基层社会治理、基本民生服务等方面的工作，既能较好地履行自己的社会责任，也能通过服务得到政府和社会的认可，进而为自己的发展创造更好的外部条件。社会工作是指为困难群体、脆弱群体和其他困境群体提供专业服务，这种服务既包括落实相关政策，向民政工作服务对象提供物质方面的帮助，也包括向这些群体提供基本的社会服务，还包括在精神上、心理上和社会参与上提供服务和支持，使他们过上比较体面、有尊严的生活。此外，社会工作者可以通过提供公共服务和社会服务，动员居民参与公共活动，参与社区协商，促进基层社会治理。社会工作者还可以通过精心设计的服务，链接资源，推动综合服务和干预，预防特殊人群可能的扰乱社会秩序的行为，进而实现有效的社会治理。

民政服务对象即社会工作的服务对象，民政领域也是社会工作发挥作用的场域。近年来，各级政府通过探索政府购买社会工作服务或设置社会工作岗位的方式，将社会工作引入基层民政部门，动员社会组织与社会工作者参与社会治理、发挥专业作用。同时民政部门在社会工作的宣传普及、政策出台、标准制定、队伍建设、平台搭建、资源配置、项目实施等诸多领域中都付出了巨大努力，并取得了显著成绩。相对其他相关部门而言，基层民政部门不仅承担了解决社会福利“最后一公里”问题的重任，而且关涉社会服务的具体落实，再加上社会转型导致相应社会问题变化，这使基层民政工作中理念的革新、能力的提升和方法的优化显得尤为迫切和重要，这也是基层民政工作与社会工作的关系不断强化的主要原因。反之亦然，社会工作的推进和落实的“临门一脚”最终还是需要依靠基层民政部门。近几年的社会工作更多借助政府购买社会工作服务来实施，基层民政部门向上对接社会工作资源和政策，向下联系服务对象，横向则与各类社会工作服务机构开展合作。

6. 本土性社会工作

本土性社会工作指的是对某种助人模式（包括理念、过程和方法）的判断和认定，即指那些土生土长的、发挥有效助人功能的制度化的行动过程。那些生长于本土的，与经济、政治和社会制度及文化传统相适应的、有效的、制度化的助人模式可称为本土性社会工作[①]。

---

① 王思斌. 社会工作概论［M］. 3 版. 北京：高等教育出版社，2004.

7. 社会工作本土化

社会工作本土化是指产生于西方文化之下的社会工作在进入非西方文化时不适应，甚至遭遇来自本土文化的抵抗和排斥，所以，中国在引入社会工作的过程中就必须对其本土化，使之切实能在本土社会发挥作用①。

8. 社会工作嵌入（社会工作行政吸纳）

嵌入指某一事物进入另一个事物的过程和状态。这里有几个要素：①至少有两个被指认的事物，这是嵌入的前提；②一个事物进入另一个事物，这是嵌入的过程；③一个事物是如何进入另一个事物的，这是嵌入的机制；④进入的结果，进入之后双方的关系如何，这是指嵌入后的状态。嵌入强调结构性②。社会工作嵌入是指社会工作对我国社会上普遍存在的行政性非专业社会工作的嵌入③。

嵌入性是社会工作在中国生存和发展的重要特征。中国境内明显存在舶来的社会工作和本土性社会工作，这两个原本相互独立的事物，却因为中国的改革开放而走到一起。由于本土性社会工作是原生的，并且广泛存在于社会生活之中，舶来的社会工作只是弱小的后来者，因此就两者的基本关系来说，舶来的社会工作实际上进入了本土性社会工作的原有领地，前者嵌入后者之中。当然，随着社会转型步伐的加快和与民生相关的社会问题的凸显，以及社会工作自身的发展，社会工作的地位不断提高，作用不断增强，舶来的社会工作在与本土性社会工作的互动中，深度嵌入④。

社会工作嵌入的基本内容如下：①嵌入主体是舶来的社会工作，这既表现为一项专业的活动，也表现为参与这项活动的人群。②舶来的社会工作嵌入的对象是本土性社会工作。③社会工作嵌入的过程和空间是指舶来的社会工作在中华人民共和国成立之后，怎样嵌入本土性社会工作和嵌入哪些具体的社会服务领域。④社会工作的嵌入效应是指舶来的社会工作嵌入本土性社会工作所产生的效应。这种效应包

---

① 王思斌. 社会工作概论［M］. 3版. 北京：高等教育出版社，2004.

② 王思斌. 中国社会工作的嵌入性发展［J］. 社会科学战线，2011（2）：206-222.

③ 王思斌. 中国社会工作的嵌入性发展［J］. 社会科学战线，2011（2）：206-222.

④ 王思斌. 中国社会工作的嵌入性发展［J］. 社会科学战线，2011（2）：206-222.

括自身发展所产生的效应，即社会工作进入实际的、由政府主导的社会服务领域，通过互动给自身发展带来影响；这种效应还包括社会工作所产生的服务效果，即介入使服务对象获得了哪些益处。社会工作不是为了自己的存在而嵌入社会服务体系的，而是为了社会的利益，为了解决困难群体的问题和实现社会的和谐。

社会工作行政吸纳指的是基层政府通过制度创新和组织设计，整合行政资源和社会资源，缔造社会工作服务站等组织形态，使其成为政府部门内设的一个组织机构，并吸纳社会工作者，利用政府的资源支持社会工作的开展，同时也让社会工作适应基层政府开展社会治理和公共服务实践的需求①。社会工作行政吸纳的组织模式，重点在于突显社会工作的组织性和整体性内生于行政体制的状态，使社会工作成为政府工作的一个有机部分。但目前社会工作行政吸纳的深度和广度都不够。行政支持和专业服务同属一体，行政支持和专业服务共同作用于社会工作服务站，但政府发挥了主导性、决定性的作用，社会工作以创新性和补充性的功能推动基层民政工作的开展和社会治理的革新②。

9. 社会工作融合

社会工作嵌入实际社会服务，与传统的行政社会工作磨合，或许在政策到位的情况下，经过一段时间，这种嵌入可能会变为融合③。融合指的是具有差异的双方或多方通过互动达到和谐统一的状态。而在社会科学中，融合是社会政策领域的概念，是指使面临风险和遭到社会排斥的群体获得必要的机会和资源，以参与经济、社会和文化建设的状态④。

我国的社会工作融合是指专业社会工作与行政社会工作（本土实践）相互协同、配合，进而实现共同目标。融合引致的发展就是融合性发展⑤。社会工作的融

① 李炯标. 行政吸纳组织：社会工作组织模式的创新探索研究：基于对汕头市社会工作站的调查［J］. 汕头大学学报（人文社会科学版），2018（11）：74-79.

② 李炯标. 行政吸纳组织：社会工作组织模式的创新探索研究：基于对汕头市社会工作站的调查［J］. 汕头大学学报（人文社会科学版），2018（11）：74-79.

③ 王思斌. 中国社会工作的嵌入性发展［J］. 社会科学战线，2011（2）：206-222.

④ 艾伦·沃克. 21 世纪的社会政策：最低标准，抑或社会质量［M］//杨团，关信平. 当代社会政策研究. 天津：天津人民出版社，2006.

⑤ 王思斌. 我国社会工作从嵌入性发展到融合性发展之分析［J］. 北京工业大学学报（社会科学版），2020（3）：29-38.

合性发展是社会工作嵌入的高级阶段。社会工作的融合性发展是针对专业社会工作和行政社会工作的关系而言的，是中国社会工作应坚持的发展方向和遵循的基本逻辑。

10. 中国社会工作发展的基本特征

（1）不同模式并存。随着全面改革的深化，社会工作服务机构迅速增加，专业社会工作取得实效，社会工作进一步获得政府和社会的认可。同时，行政社会工作在吸取专业社会工作经验的同时，在公共服务和社会服务领域仍然发挥着主导作用。两种服务模式并存并持续互动。

（2）政府与社会力量的共同推动。国家治理体系和治理能力的现代化将促进政府大力发展社会组织，发展以社会工作服务机构为代表的服务型民间组织成为首选，另外，社会工作服务机构与政府的良好合作关系、社会工作服务机构的高质量服务也会促进社会工作的发展。但在具体实践中，双方还需有效合作，有时可能还需要磨合。

（3）社会工作本土化实践受到重视。一方面，虽然专业社会工作在我国已有起色，但它还应适应我国国情，必然需要本土化；另一方面，我国的社会经济制度和文化传统仍将为改变着的行政社会工作提供发展条件。在社会转型期，政府将倚重社会工作本土化实践。

（4）专业社会工作的嵌入型发展。不断增加的社会需求和快速发展的社会工作教育，为专业社会工作的发展提供了条件。随着新型社会福利体系的构建，专业社会工作制度也会逐渐建立起来①。

11. 社会工作的基本构成要素

社会工作的基本构成要素包括社会工作者、服务对象、社会工作价值观、专业关系及助人活动。

（1）社会工作者。社会工作者是服务的提供者，是社会工作的首要构成部分，没有社会工作者，社会工作就无从谈起。

---

① 王思斌. 社会工作概论［M］. 3 版. 北京：高等教育出版社，2004.

（2）服务对象。服务对象也称受助者、工作对象。服务对象是指遇到困难，自己不能解决并愿意接受社会工作者帮助的人。服务对象是服务的接收者，没有服务对象，社会工作就失去了必要性。另外，服务对象生活状态的改变程度是衡量社会工作成效的标准。

（3）社会工作价值观。社会工作价值观是社会工作者所持有的助人观念。它包括对助人活动的看法、对自己与受助者关系的看法等。社会工作价值观提倡利他主义，尊重受助者的权利和选择。社会工作价值观是社会工作的灵魂，这使它与其他助人活动区别开来。

（4）专业关系。专业关系是指社会工作者基于专业服务的需要同受助者建立的关系。按照社会学的角色理论，它是指社会工作者与受助者两个角色之间的规范化的互动模式。为了保障专业服务的展开，实现助人目标，社会工作者要维护好专业关系。

（5）助人活动。助人活动是社会工作的关键，是助人愿望的传导中介，也是助人和受助的实现方式。在助人活动中，社会工作者输出的是精心考虑过的、科学的、能够满足受助者需要的信息和服务，而受助者输出的则是自身的需要及对社会工作者的帮助行为的理解和反应①。

12. 社会工作专业价值观

社会工作专业价值观是指指导和支持社会工作者开展专业实践的理念和原则。社会工作专业价值观受到人文主义、人道主义、实证主义、实用主义、集体主义等各种意识形态的影响，成为系统的、成熟的引领社会工作者开展专业实践的指南，同时它是内化于社会工作者专业实践的精神标准②。目前，国际社会工作界把社会工作专业价值观归纳为六个方面：

（1）服务大众。社会工作者应当将服务社会中有需要的困难人群作为自己的首要任务，要超越个人利益为社会大众提供专业的社会服务。

（2）践行社会公正。社会工作者应从改革和发展的角度努力推动社会公正，在

① 王思斌. 社会工作概论［M］. 3 版. 北京：高等教育出版社，2004.

② 全国社会工作者职业水平考试教材编委会. 社会工作综合能力（中级）［M］. 北京：中国社会出版社，2020.

服务中与服务对象一同工作，并了解他们的问题和需要，在社会政策的推行过程中积极倡导和寻求社会公正。

（3）强调服务对象个人的尊严和价值。社会工作者对每一名服务对象都给予关心和尊重，应充分认识和理解服务对象个体在生理、心理和社会文化等方面的差异。

（4）注重服务中人与人之间关系的重要性。社会工作是处理人的问题的工作，涉及与人的沟通和互动。因此，社会工作者应充分认识到人与人之间关系的重要性。

（5）待人真诚和守信。社会工作者应坦诚地对待服务对象，并敢于认识到自身的不足，能真诚地分析自身存在的问题，坚持社会工作专业价值观、伦理原则与标准，并有效地运用其开展社会服务工作。

（6）注重能力培养和再学习。社会工作者要不断地提升专业能力，并保持积极向上的心态和好学的精神，坚持在实践中再学习和接受再教育的理念，不断增进新观念、不断学习新知识、不断掌握新技能，从而提升专业实践的效率和效果，增进服务对象和社会大众的福祉。

13. 社会工作的专业价值有哪些

社会工作的专业价值主要包括敬业、接纳、自决、个别化和尊敬人。

（1）敬业。敬业是社会工作者对社会工作理论和实践的根本态度，是社会工作的专业价值的基础。敬业也是一种人生态度，是安身立命的根本。社会工作的敬业，不仅涉及信誉和科学精神，而且涉及社会工作者对工作、服务对象、机构和社会的关系原则。

（2）接纳。接纳不仅拒绝判断，而且积极地追求理解。接纳意味着接受、相信和尊重。接纳并不意味着我们总是同意其他人的价值或我们要放弃自己的价值去支持另外一个人的价值。

（3）自决。自决即自我决定。在社会工作中，自决更多的是针对社会工作者而言的。由于其地位关系，社会工作者很容易替服务对象决定，犯越俎代庖的错误。自决就是提醒社会工作者要尊重服务对象的自我选择和自我决定的权利。

（4）个别化。个别化是一种分别逐一对待的理念和方法。首先，社会工作者要了解每个服务对象的特点，主要是心理特点。确定“这个人”与“那个人”的不同之处，然后有针对性地开展思想工作。其次，在生活（包括饮食起居）、活动和学习方面也要有相应的措施。另外，在起居上要尊重每个人的隐私权，尽可能地满足每个人保护隐私的需要。

（5）尊敬人。社会工作的专业价值对许多专业和大部分文化与社会而言，是相同的。社会工作的三种专业价值，即接纳、自决和个别化都是和尊敬人有关的，事实上这三种专业价值也是由尊敬人推导出来的①。

14. 社会工作专业伦理

社会工作专业伦理是指社会工作者的职业道德操守。社会工作专业伦理一般包含六个层面的内容：

（1）社会工作者自身的行为举止。

①适当性。社会工作者应该坚持作为一个专业社会工作者在能力和身份上的高标准。

②能力和专业发展。社会工作者应努力争取和保持在专业实践和专业表现中的精通地位。

③服务。社会工作者应该把服务看作社会工作专业的首要义务。

④诚实。社会工作者应该按照专业诚实的最高标准行动。

⑤学问和研究。从事学习和研究的社会工作者应该由学者按照质询的惯例来指导。

（2）社会工作者对当事人的伦理责任。

①服务对象利益的首要性。社会工作者的首要责任是对服务对象负责。

②服务对象的权利和特权。社会工作者应该尽一切努力来最大限度地培育服务对象的自我决定意识和权利。

③秘密和隐私。社会工作者应该尊重当事人的隐私，并且要在专业服务过程中保守所获得的一切信息和秘密。

④费用。当设定费用的时候，社会工作者应该保证其提供的服务与当事人的支付能力是匹配的和相称的。

---

① 王思斌. 社会工作概论［M］. 3 版. 北京：高等教育出版社，2004.

（3）社会工作者对同事的伦理责任。

①尊重、平等和礼貌。社会工作者应该以尊重、平等和充分信任的方式来对待同事。

②服务同事的服务对象。社会工作者有责任用全部的专业知识来服务同事的服务对象。

（4）社会工作者对雇主和雇佣组织的伦理责任。社会工作者应该遵守向雇主和雇佣组织做出的承诺。

（5）社会工作者对社会工作专业的伦理责任。

①保持专业正直。社会工作者应该坚守社会工作的价值、伦理和使命。

②社区服务。社会工作者应该为大众提供方便、快捷的社区服务。

③更新知识。社会工作者应该承担起在专业实践中鉴定、更新和使用知识的责任。

（6）社会工作者对社会的伦理责任。这是指社会工作者应该促进社会福利水平的提升[①]。

15. 社会工作专业关系

社会工作专业关系是指为达成特定目标而结成的关系。达成特定目标是双方专业关系建立的基础，一旦特定目标达成，专业关系就告一段落。专业关系具有单一型、功能性特征。专业关系有明确的目的，是一种职务关系，而非私人关系，它不允许社会工作者在工作过程中获得个人的心理满足，其存在是有时间限制的，并要求社会工作者提供专业服务[②]。

16. 社会化

社会化是指个体在与社会的互动过程中，逐渐养成独立的人格，从生物人转变成社会人，并通过社会文化的内化和角色知识的学习，逐渐适应社会生活。在此过程中，社会文化得以积累和延续，社会结构得以维持和优化，人的性格得以健全和完善，社会化是一个贯穿人生始终的长期过程[③]。

---

① 王思斌. 社会工作概论［M］. 3版. 北京：高等教育出版社，2004.

② 许莉娅，童敏. 个案工作［M］. 北京：高等教育出版社，2013.

③ 郑杭生. 社会学概论新修［M］. 4版. 北京：中国人民大学出版社，2013.

社会化的内涵包括：①从文化的角度看，社会化是一个文化传递和延续的过程，社会化的实质是社会文化的内化；②从个体发展的角度看，社会化被视为一个人的个性形成和发展的过程，社会人就是经历了社会化过程的有个性的人；③从社会结构的角度看，社会化就是使人变得具有社会性。

社会化的类型主要有：①基本社会化。基本社会化是发生在生命早期的社会化，是整个社会化过程的基础。其主要任务是向儿童传授语言和其他认知本领，使其内化社会文化规范和价值标准，能够正确理解社会对各种角色的期望和要求。②预期社会化。预期社会化大量发生在青年时期，是这样一种社会化形式：人们在此过程中了解的不是现在要扮演的角色，而是将来要扮演的角色，即现在的大量学习是为将来在工作、生活中扮演角色做准备。③逆向社会化。逆向社会化指晚辈向长辈传授文化规范和知识。在现代社会中，社会变迁的速度快，知识更新的速度也快，一些成年人往往跟不上形势，他们不想落伍，就必须接受逆向社会化。④再社会化。再社会化指全面放弃原来习得的价值标准和行为规范，重新确立新的价值标准和行为规范。再社会化着眼于人的改造，其改造方式一般要比发展社会化激进，但它并不一定是负面的和强制的，如改造罪犯、新兵入伍、移民等。

社会化的作用如下：一方面，从社会层面来看，个人的社会化是社会延续发展的基础，是社会文化传承和创新的前提。社会化是人类文化延续、发展、创新的前提条件，也是人类交往、有秩序地进行生产和生活活动的前提条件，还是社会保持安定有序、协调发展的前提条件。另一方面，从个人层面来看，社会化是个人适应社会，参与社会生活的必要前提。个人在社会化过程中学习和掌握生活知识、生活技能和行为模式，习得语言、社会文化和行为规范，学习承担各种社会角色，才能获得社会成员资格。同时，社会化是形成个性的过程，也是发展和完善自我的过程[①]。

17. 社会角色

社会角色是指社会系统中与一定社会位置相关联的符合要求的一套个人行为模式，也可以被理解为个体在社会群体中被赋予的身份及该身份应发挥的功能。它指出了处于某一社会位置上的人应该如何去做，反映了处于该位置的社会成员的责

① 俞国良. 社会心理学［M］. 北京：北京师范大学出版社，2006.

任、权利和义务。社会角色所反映的社会对处于某一社会位置上的社会成员的要求是普遍性的，即它一视同仁地要求某一类社会成员按照角色规范行动。当然，任何对角色的规范要求都不可能制定得十分细致，况且社会在变化，人们面对的具体环境也在变化，所以社会角色的规范要求也是处于变化之中的[①]。

18. 社会工作者的主要角色

社会工作的主要角色包含服务提供者、支持者、倡导者、资源获取者、管理者、协调者、政策影响者[②]。

（1）服务提供者。服务提供者是社会工作者的首要角色。社会工作者首先是向受助者提供服务的人，这里的服务既包括提供心理咨询和意见咨询，也包括提供物质帮助和劳务服务。

（2）支持者。面对求助者，社会工作者不但要提供直接服务或帮助，也要鼓励受助者在可能的情况下自强自立，克服困难，即助人自助。

（3）倡导者。在一定情况下，社会工作者应该成为受助者采取某种行动的倡导者，即当受助者必须采取新的行动才能走出困境时，社会工作者应该向其倡导某种合理行为，并指导他们，以使其成功。

（4）资源获取者。为服务的顺利开展争取资源是社会工作者肩负的重要责任。

（5）管理者。在社会工作过程中，社会工作者应该对该过程有效控制，同时必须对与助人相关的诸多资源、信息进行协调、安排和管理，以实现该过程的高效率，避免出现意外问题。

（6）协调者。社会工作需要处理受助者与相关人群及环境的关系，要缓和、消除他们之间的紧张关系，这时社会工作者就要扮演协调者的角色。

（7）政策影响者。某些大面积的社会问题并非由个人生理、心理因素引发，而由社会政策和制度因素造成，因此对造成问题的政策或制度进行改变是必要的。

19. 社会工作的过程模式

社会工作的过程模式是指社会工作者直接提供服务的实务模式。一般说来，实

---

① 王思斌. 社会工作概论［M］. 3版. 北京：高等教育出版社，2004.

② 王思斌. 社会工作概论［M］. 3版. 北京：高等教育出版社，2004.

施社会工作要经过以下几个阶段：接触问题→调查和确认问题→分析和诊断→服务→评估→终结。

（1）接触问题是指通过多种途径初步了解可能的（或潜在的）服务对象（包括个人、家庭、社区等）所面临的困难及问题。

（2）调查和确认问题是指对潜在服务对象的问题进一步了解，包括了解其社会背景、所遇问题的性质和严重程度、需要及期望等。

（3）分析和诊断是指对问题进行深入分析，找出问题的症结，分析解决问题的可能性。

（4）服务也称对问题的干预，即在制订服务计划的基础上，有效组织和配置资源，对服务过程进行管理，实现对服务对象的有效支持，使其摆脱困境，满足其需要。

（5）评估是指对服务活动进行评价，包括过程评估和结果评估，主要是检测服务的进程和效果，以及结果与服务计划的一致程度。

（6）终结也称结案，当一项服务按计划达到预期目标之后，这一服务就结束了①。

20. 社会工作四大系统

社会工作四大系统为改变媒介系统、服务对象系统、目标系统和行动系统。改变媒介系统是指社会工作者和社会工作者依存的社会工作服务机构，社会工作服务机构的服务理念、目标、定位支持和约束着社会工作者的工作。服务对象系统是指社会工作服务的对象，即社会工作服务的直接受益人，包括现实服务对象和潜在服务对象，可以是个人、家庭、团体、组织或社区。目标系统是指服务中做出改变的部分。行动系统是指那些与社会工作者一起努力、实现目标的人，他们是社会工作者的合作者，为了帮助服务对象做出改变，社会工作者经常需要与其他专业人士，如律师、心理咨询师、医生等合作，也需要其他与服务对象相关的人员配合②。

21. 社会工作服务领域

社会工作服务领域分为两大类：一类是以社会问题为导向的服务领域，如在失

---

① 王思斌. 社会工作概论［M］. 3 版. 北京：高等教育出版社，2004.

② 许莉娅，童敏. 个案工作［M］. 北京：高等教育出版社，2013.

业、贫困、疾病、吸毒、犯罪等领域开展的社会工作；另一类是以服务对象为导向的服务领域，如儿童社会工作、青少年社会工作、妇女社会工作、老年社会工作、残疾人社会工作、医务社会工作、民族社会工作、移民社会工作等。社会工作领域伴随社会问题的产生和人类需求的发展及社会工作专业服务能力的提升而变化[①]。

22. 个案工作

个案工作是社会工作的直接服务方法之一，也是社会工作中最早形成的专业服务方法，是指由专业社会工作者运用有关人与社会的专业知识和技巧为个人和家庭提供物质或情感方面的支持与服务，目的在于帮助个人和家庭减轻压力、解决问题，达到个人和社会的良好福利状态[②]。

23. 小组工作

小组工作是社会工作的直接服务方法之一，是指在小组组长的带领下，组员间通过相互支持、充分互动和分享，激发潜能，改善态度、行为，增强社会功能性，解决个人、群体、社区和社会问题，促进个人、小组和社区的成长和发展，实现社会和谐、公平、公正发展[③]。

24. 社区工作

社区工作是社会工作的直接服务方法之一，它以社区和社区居民为服务对象，通过发动和组织社区居民参与集体行动，确定社区的问题与需求，动员社区力量，争取外力协助，有计划、有步骤地预防或解决社会问题，调整或改善社会关系，减少社会冲突，培养自助、互助及自决的精神，增强社区的凝聚力，培养社区居民的民主参与意识和能力，发掘并培养社区的领导人才，以提高社区的社会福利水平，促进社区的进步[④]。

---

① 朱眉华，文军. 社会工作实务手册［M］. 北京：社会科学文献出版社，2006.

② 王思斌. 社会工作概论［M］. 3版. 北京：高等教育出版社，2004.

③ 刘梦，张和清. 小组工作［M］. 北京：高等教育出版社，2013.

④ 王思斌. 社会工作概论［M］. 3版. 北京：高等教育出版社，2004.

25. 社会工作行政

社会工作行政是社会工作的间接服务方法之一，是指依照行政程序，妥善利用各种资源，实施社会政策，向有需要者提供社会服务。其层次包括宏观社会工作行政与微观社会工作行政。宏观社会工作行政实际上是在较大范围内推行社会政策，以便表现为政府的职能行为，是政府部门在一定范围内推行社会政策，指导、帮助、监督、检查、评估政策落实情况的活动。微观社会工作行政是将社会政策转化为具体的社会服务环节的行政活动①。

26. 社会工作督导

社会工作督导是资深社会工作者对资浅社会工作者或学生的专业指导和督查，其目的在于使被督导者能够向专业社会工作者学习，将社会工作的理论知识、价值与技巧内化，按照专业社会工作者的职责有效率地完成工作，提供有质量的社会工作服务。社会工作督导通过定期进行的督导会谈进行。被督导者在督导过程中不是被动地接受教导，而是一个积极主动的学习者②。

27. 社会工作督导的功能

社会工作督导具有行政性功能、教育性功能和支持性功能③。

（1）行政性功能。社会工作者以社会工作服务机构为依托，通过一定的行政程序将社会工作服务传递给服务对象。行政性社会工作督导并非指行政工作，而是指社会工作者在提供服务、面临行政问题时必需的督导工作。

（2）教育性功能。教育性功能是社会工作督导最重要的功能。它可以帮助社会工作者成长和发展，尽可能提高知识和技术水平，以有效帮助服务对象，甚至使受督导者将来可独立自主，成为督导者。

（3）支持性功能。支持性功能就是在社会工作者解决社会问题的过程中，在面

---

① 王思斌. 社会工作概论［M］. 3 版. 北京：高等教育出版社，2004.

② 王思斌. 社会工作概论［M］. 3 版. 北京：高等教育出版社，2004.

③ 王思斌. 社会工作概论［M］. 3 版. 北京：高等教育出版社，2004.

对挑战及承受压力时，协助其舒解压力。它旨在提高社会工作者的工作士气和工作满意度，即在社会工作者的工作范围内让其自己做好准备，以有效完成工作，也让社会工作者觉得自己能胜任工作。

28. 社会工作评估（含第三方评估、基线测量）

社会工作评估是指利用不同的研究方法和设计，对社会干预和人类服务项目的概念化、策划、行政、执行、效果、效率和效用等方面进行诊断和提升。它涉及投资者、服务机构和公众三类主体。投资者希望了解项目是否达到预期目的，其社会效果如何，但项目质量有时并非投资者的唯一关注点。公众希望了解服务项目的覆盖情况及消费者评价。服务机构则希望把握项目诸多方面的优劣势。政治性、信仰和价值观可能会影响项目评估的科学性。它们不仅影响方法论和解释，而且影响其结果是否被利用，如何被利用及利用逻辑如何[①]。社会工作评估一般被划分为实务评估和项目评估。实务评估强调对特定的服务对象的介入进行效果及效率的评估，项目评估强调对为大量服务对象提供服务以满足社区需求的项目进行效果及效率的评估。无论是实务评估还是项目评估，都分为过程评估和结果评估两种评估形式[②]。

第三方评估：从项目评估来看，在项目中，尤其是在政府购买社会工作服务的项目中，一般都采用第三方评估的方式。第三方评估指的是社会政策主管部门委托与社会政策项目没有直接利益关系的第三方来承担评估工作[③]。第三方常是一些专业的机构，包括高校、科研机构和其他一些民间的专业机构。

基线测量：为对社会工作服务介入效果进行评估测量，社会工作者一般在社会工作服务介入之前，对社会工作服务对象进行基线测量。基线测量是指社会工作者在正式开展社会工作服务之前对服务对象的状况进行测量，建立一个基线并将其作为对社会工作服务介入效果进行衡量的标准，以评估介入前后的变化，并以此判断介入目标达到的程度。基线测量可以应用于对个人、家庭、小组或社区的社会工作服务介入效果的评估，通过对介入前、介入中和介入后的观察和研究，比较服务对象在服务提供前后发生的变化。

---

① 顾东辉. 社会工作概论 [M]. 上海：复旦大学出版社，2008.

② 朱眉华，文军. 社会工作实务手册 [M]. 北京：社会科学文献出版社，2017.

③ 关信平. 社会政策概论 [M]. 3版. 北京：高等教育出版社，2014.

29. 社会工作研究

社会工作研究是指获取和发现与社会福利和社会工作相关的知识及事实的过程。社会工作及相关领域的研究者依托社会工作伦理和社会研究伦理，使用社会研究方法，搜集和分析与社会福利和社会工作有关的资料，以协助达成社会工作目标。例如，社区居家养老服务、社会工作本土导向、民众对社会工作的认同度等都可以用于社会工作研究。

30. 人在环境中

人在环境中是社会工作的重要理念，强调社会工作者在认识服务对象的问题和需求、提供社会工作服务的过程中，要将服务对象放在所处的情境中去理解，秉持系统思维。人在环境中是心理及社会学派开展个案工作的中心概念，强调个人和环境（包括人、事、物及组织等）的互动，认为内在心理与外在环境经常交互作用。“人”指个人内在的心理体系、人格发展及自我功能，“环境”指个人生活中的社会网络及物质环境。在人与环境的交互影响中，任何部分的改变都将牵动其他部分。人与环境不断交互影响，最后达到平衡状态①。

31. 人格

人格是社会心理学的一个重要概念，是指在社会化过程中形成的，构成一个人的思想、情感、态度、价值、动机及行为的特有统合模式，这个模式包含了一个人区别于他人的稳定而独特的心理品质②。人格的本质特征包括：一是独特性。人格是一个人区别于他人的重要标志，个体的人格是在遗传、环境、教育等先天、后天因素的交互作用下形成的，不同的遗传、文化和环境因素，形成了个体独特的心理特点。二是稳定性。这具体指个体在不同的社会情境和行为活动中，常表现出来的稳定的心理共性，它不会因社会情境的改变而轻易改变，偶尔的心理表现都不是人

① 顾东辉. 社会工作概论［M］. 上海：复旦大学出版社，2008.

② 俞国良. 社会心理学［M］. 北京：北京师范大学出版社，2006.

格的要素。当然，人格的稳定是相对的，随着生理的成熟和环境的改变，人格也可能产生或多或少的变化。人格是稳定性和可塑性的统一。三是系统性。人格是由多种成分构成的有机整体系统，具有内在的完整性，并接受自我意识和社会文化的调控。人格是完整性和相对独立性的统一体，是生物性和社会性的统一体，当一个人的人格结构在各方面彼此和谐一致时，其人格就是健康的。

人格结构主要包括气质、性格、认知风格等方面，其中性格和认知风格会受到环境和社会文化因素的深刻影响。气质，就是人们平日里常说的脾气、秉性，是通过心理活动的强度、速度、灵活性与指向性等方面表现出来的稳定的心理特征。气质最具有遗传色彩，人的气质是先天形成的，受神经系统活动的特性制约。性格，是一种与社会文化最相关的人格特征，其表现了人们对现实和周围世界的态度，并表现在人们的行为举止中，主要体现在人们对自己、对他人、对事物的态度和言行上，是个体对现实的稳定的态度体系和习惯化的行为方式。性格是个人在后天的生活实践中形成的、最没有遗传色彩的人格要素，具有较强的可塑性，它受人的价值观、人生观、世界观的影响。人格的社会差异主要就体现在性格上。认知风格，指个体在认识事物的过程中偏好的信息加工方式，也叫认知方式。认知风格主要表现为个体在认知活动中的人格倾向和人格特征上的差异，是个体自动形成的认知活动的习惯①。

32. 社会性别

社会性别专指作为社会与文化的构成，通过社会化而学习到的、与两种生物性别相关的、对于一整套规范的期望，以及落实了的行为。还有人认为社会性别就是指一个社会把人们组织到男性和女性两大范畴里去的方式，以及围绕这两大范畴产生出意义的方式②。

33. 潜能

潜能是亚里士多德在哲学上的用语。亚里士多德认为具体的实体是由质料和形

---

① 俞国良. 社会心理学［M］. 北京：北京师范大学出版社，2006.

② 郑杭生. 社会学概论新修［M］. 4 版. 北京：中国人民大学出版社，2013.

式组成的。质料和形式，就存在的方式来讲，又同潜能和现实密切联系。

潜能有三种含义：①能力。这是指运动、变化的根源。根源是指在这种事物或另一种事物之中，但又与这种事物或另一种事物相区别的事物。②可能。在解释运动和变化时，可能指任何事物具有的能力，它总是在一个相当长的时间段持续存在，动作时是能力（现实的能力），不动作时仍是能力。③和现实相对的潜能。这是指某种东西虽未现实存在，但是“能”“可能”存在，有存在的潜能，实现了的潜能就是现实[①]。潜能指未发挥出来的能力，目的就是希望通过各种有效的途径，使能力能够被发现、拥有并发挥出来[②]。

潜能的分类如下：①按照潜能的性质分类，潜能可以分为生理潜能和心理潜能。②按照拥有潜能的主体分类，潜能可以分为个体潜能、组织潜能和社会潜能。个体潜能是指个体未发挥出来的能力，包括身体的能量和持续力、道德的成熟、智力和创造力的成就、情绪的表达、社交的能力、感觉力等；组织潜能是指组织未发挥出来的能力；社会潜能是指社会未发挥出来的能力。个体潜能处于核心地位，其他两种潜能的发挥依赖于个体潜能的发挥[③]。

34. 晕轮效应

在人际交往的第一印象中，个体某些方面的表现突出，掩盖了这个人的其他特点和品质，起到类似晕轮（月亮周围有时出现的朦胧圆圈）的作用，从而影响他人对其的认识和评价，这种现象就称晕轮效应，也称光环效应或成见效应[④]。晕轮效应表现在：初次见面时，对对方有好感，在以后的交往中，就会觉得他一切都好；相反，初次见面时，看对方不顺眼，在以后的交往中，就会觉得他的一举一动都使你感到讨厌。在这个过程中，“好”或“坏”都成为评价的“光环”了。

35. 刻板效应

刻板效应或刻板印象是指人们对某个事物形成的一种概括而固定的看法，并把

① 冯契. 哲学大辞典：下［M］. 上海：上海辞书出版社，2007.

② 陶云武. 员工潜能开发研究［D］. 上海：复旦大学，2006.

③ 陶云武. 员工潜能开发研究［D］. 上海：复旦大学，2006.

④ 俞国良. 社会心理学［M］. 北京：北京师范大学出版社，2006.

这种看法推而广之，认为这类事物都具有该特征，而忽视了个体差异①。物以类聚，人以群分，生长在同一地域和同一文化背景中的人们，常常会表现出许多相似性，而这些相似的特点被概括地反映到人们在人际交往活动中的认识里，并被固定化，于是刻板印象产生了。根据人类认识世界的方式，人们的刻板印象一般是通过两条途径形成的：一是通过直接经验获得，个体直接与某些人或某个群体接触，然后将一些特点固定化；二是借助简洁的资料与信息产生刻板印象。刻板印象一旦形成，具有较强的稳定性，难以被改变。即使碰到与刻板印象相反的事实，人们也倾向于坚持以前的印象，而不去否定或改变原有的印象。刻板印象有利有弊，一方面简化了人们的认知流程，节省了时间和精力，使人们能迅速对某人的情况有大概的了解，有利于人们应对复杂的周围世界；另一方面，刻板印象最易产生认知偏差，造成先入为主，并且可能带来一系列消极后果。所以，人们在人际交往和社会认知过程中，要自觉地有意识地改变错误的刻板印象，以便对人和事物进行深入细致而准确的认知。

36. 印象管理

人们通过有意识的管理自己来影响和控制他人对自己形成印象的过程称为印象管理，又称印象整饰。自我表现和自我行动是印象管理的两种基本形式。

（1）自我表现是指个体选择合适的言行举止、服饰打扮而进行印象管理，即通过自我美化，来增强自己在他人心目中的吸引力，在实践中，把工夫花在自己身上，有意识地把自己最满意的形象展示给他人。自我表现可以是故意掩饰自己，给自己戴上想要的光环；也可以是故意露出自己不好的一面，使别人消除对自己的戒备心理，目的都是为了控制和管理别人对自己的印象形成。

（2）自我行动是指个体采取投其所好的言行举止而进行印象管理。投其所好，即通过各种途径使别人感觉良好，这就是印象管理中的讨好现象②。从本质上讲，自我行动类似于一种投资，而投资需要回报。印象管理只是社会交往的一种工具或手段，而工具和手段本身没有好坏之分，关键是运用这种手段要达到什么目的。

① 俞国良. 社社心理学［M］. 北京：北京师范大学出版社，2006.

② 俞国良. 社会心理学［M］. 北京：北京师范大学出版社，2006.

37. 增权

增权也称赋权、充权、增能，是现代社会工作理论中的重要概念，是指赋予或充实个人或群体权力，挖掘与激发服务对象潜能的过程、介入方式和实践活动。它使个人在与他人及环境的积极互动过程中获得更强的对生活空间的掌控能力和自信心，促进环境资源和机会的运用，以进一步帮助个人获得更多技能。这里的权力是指个人或群体拥有的能力，是对外界的控制力和影响力，强调的是人们对他人、组织或社会的拥有、控制和影响。

38. 增权取向社会工作的特点

增权取向社会工作的特点在于[①]：①工作者与服务对象、服务对象群体、社区领导等建立相互合作的伙伴关系；②强调服务对象的内在能力；③支持着眼于个人及社会和物质环境的双重工作焦点；④承认服务对象是积极的主体，具有相互关联的权利、责任、需求；⑤利用自觉选择的方式，把专业的能量指向在历史上被去权的群体及其成员。

39. 优势视角

优势视角是20世纪80年代在西方社会工作领域兴起的一种新的研究策略。优势视角又称能力视角，以优势为核心，秉承以优势为本的价值理念，相信个人、团体、家庭和社区都有优势，都有自身的资源、智慧和知识。优势视角认为社会工作者在助人过程中应该摒弃传统的关注问题和病理的做法，而将关注点聚焦在案主身上，尽可能地帮助案主去挖掘和发挥存在于他们身上的潜力和优势，并且利用案主的优势来进行自我的帮助和发展[②]。该视角强调每个人都是独特的，都有自己的潜能，主张从一个完全不同的角度来看待案主、案主周边的环境及他们的生活现状，与案主一同探寻促成案主改变的所有有利因素。

---

① 王思斌. 社会工作概论［M］. 3版. 北京：高等教育出版社，2004.

② 侯娟. 优势视角下社会工作介入社区志愿者培育过程的研究［D］. 厦门：厦门大学，2014.

优势视角的含义包括：①优势。在优势视角理论看来，几乎所有的事物中都包含优势，包括体验、个人品德、天赋、感悟、故事、灵性、意义和社区资源。首先，人们挣扎于困境中时，总能从自己、他人和环境中获得某些东西；其次，人们拥有的个人品质、特征和美德也是优势，它们可以在困境中形成；最后，人们的天赋是惊人的，重要的是能得到发掘和展示的机会。②增强权能。为了发挥人们和社区的内在能力，我们必须抛弃歧视性标签，为家庭、机构和社区提供机会，让受害者远离这种思维定式；信任人们的直觉、陈述、观点和精神，确信人们的梦想。增强权能需要我们消除紧张和冲突。社会工作者应该避免不自觉地以“父爱主义”的姿态向服务对象提出各种标准和要求。用优势视角看问题，可以获得另外一种态度和承诺。个人和社区的优势是可以再生、发展和扩展的资源。③成员资格。优势视角承认我们所服务的所有人同我们一样，是同一类成员，并享有随成员身份而来的自尊、尊重和责任。成员资格是一种身份、一种权利、一个参与的机会和一份责任。④抗逆力。越来越多的研究和实践证实，人们在遇到严重麻烦时会反弹，个人和社区可以超越和克服严重麻烦的负面事件。抗逆力并不是对困难和伤痛的忽视，也不是对生活中痛苦的天真忽略，它是一种面对磨难的抗争能力。⑤治愈和整合。治愈意味着整合和调动身体与心灵的机制，使个体去面对障碍、疾病。治愈也需要个人与社会物理环境之间建构良性关系。虽然他们也有妥协，但是个人确实有自我纠正的倾向（人类机能就有治愈倾向）。⑥对话与合作。人类的存在有赖于与他人有意或无意的联系；对话可以确认别人的重要性及弥合个人、他人和制度之间的裂缝。对话需要有同理心、对他人的包容和认同。合作是指社会工作者与服务对象一起工作，成为他们的代理、顾问，与他们一起创造利益。⑦悬置怀疑。专业人士总是以不同的方式表现自己的权威，常常将服务对象置于不合作、不友好的位置。受权威意识的影响，社会工作者会不自觉地将自己掌握的理论、形成的价值观强加给服务对象，以特定的诊断语言或以疑问的方式进行评估，怀疑服务对象的诉说和判断，带着“父爱主义”的姿态去关怀服务对象。这都反映出社会工作者对服务对象的怀疑。优势视角要求社会工作者悬置这样的怀疑，真正从信任服务对象的角度出发去建构专业关系①。

美国的塞利贝总结了运用优势视角进行辅导的五项原则：①个人、团体、家庭

---

① 全国社会工作者职业水平考试教材编委会. 社会工作综合能力（中级）［M］. 北京：中国社会出版社，2019.

和社区都有自己的优势和能耐；②创伤、虐待、疾病和抗争具有伤害性，但它们也可能是挑战和机遇；③社会工作应假定自己不清楚个人、团体、社区成长和改变的能力上限，并严肃看待个人、团体和社区的期望；④与案主合作，可以更好地服务案主；⑤所有环境都充满资源[①]。

40. 社会政策

社会政策是指政府或其他组织在社会公平等价值目标的指导下，为了达到满足民众基本需要，解决社会问题，进而维护社会稳定和提高社会生活质量等社会目标而采取的各种福利性社会服务行动的总和[②]。社会政策的实质是政府在社会福利事务领域中的干预行动。

社会政策主要包括社会保障政策、公共医疗卫生政策、公共住房政策、公共教育政策、劳动就业政策、社会福利服务政策、针对专门人群的社会政策和其他一些政策，如国家对越轨行为者的行动矫治。有些研究者也将家庭政策、社区发展政策纳入社会政策的范围。

41. 社会保护

社会保护是指政府或其他社会组织建立各种保护性的制度和措施，以避免或减轻某些社会群体在社会经济变迁（包括经济、政治、社会和文化等方面的制度和结构变化）过程中所受的利益损害[③]。其主要目标是避免或减轻社会损害，即着眼于减轻社会经济和文化变迁对某些群体的利益损害。

社会保护又分为预防性社会保护和治疗性社会保护。

（1）预防性社会保护主要是指通过各种手段来提升社会成员的就业能力和增加就业机会，以增强他们抵御风险的能力。主要的两个原则如下：一是基本权利保护，即制定各种制度以保护所有社会成员（尤其是贫弱群体）在各个方面的基本权利；二是增能，即通过教育培训，增加人力资本、社会资本和提升政治能力等途径增强弱势群体自身的能力。

---

① 侯娟. 优势视角下社会工作介入社区志愿者培育过程的研究［D］. 厦门：厦门大学，2014.

② 关信平. 社会政策概论［M］. 3版. 北京：高等教育出版社，2014.

③ 关信平. 社会政策概论［M］. 3版. 北京：高等教育出版社，2014.

（2）治疗性社会保护主要是指对社会中受到利益损害和被排斥的成员提供帮助。其也遵循两个重要原则：一是补偿原则，即认为贫弱群体所受到的利益损害是由社会引起的，社会（政府）应对其负责，而受损者为社会的发展做出牺牲，因此社会（政府）应该给予其相应的补偿；二是社会关照原则，即不论贫弱群体的不幸境况是如何造成的，社会（政府）都应该给他们提供帮助，以体现社会（政府）的人道主义和对弱势群体的关照。

42. 社会救助

社会救助是指国家和社会向老弱病残和生活不幸人士等弱势群体无偿提供款物救济的一种基本生活保障制度，一般包括基本生活救助、受灾人员救助、医疗救助、住房救助、教育救助等方面的救助①。现代社会救助的特点如下：

（1）社会救助是国家和社会义不容辞的责任，国家向公民提供社会救助是一种职责，公民在需要时接受国家的救助是公民应当享有的基本权利。

（2）社会救助不以受益者的贡献为前提，而以实际需要为基础。公民在生活陷入困境时，国家和社会有责任向他们提供基本的生活保障，而受益者无需预先交费。

（3）社会救助的目标是缓解贫困，目的是保障贫困人口的基本生活，因此社会救助的对象会有选择，只有那些收入或者财产低于法定标准的人才能得到国家和社会相应的救助，社会救助往往采用财产调查的方式确定受益者的基本需要。

（4）社会救助是经常性、制度性的措施，目的不单纯在于维护社会稳定，更在于保障基本民生，缓解贫困，促进社会协调发展。

43. 社会保险

社会保险是指国家通过立法手段，要求劳动者和雇主共同投保，建立社会保险基金，在劳动者因年老、疾病、伤残、失业、死亡等特殊事件而失去生活来源时，由国家和社会对其本人或家属给予物质帮助的社会保障制度②。社会保险主要以劳

① 关信平. 社会政策概论［M］. 3版. 北京：高等教育出版社，2014.

② 关信平. 社会政策概论［M］. 3版. 北京：高等教育出版社，2014.

动者为保障对象，强调受益者权利与义务相结合，采取劳动者与雇佣单位共同投保和强制实施的方式。目的是消除劳动者的后顾之忧，维护社会的安定。此外，受益者的社会保险待遇与其收入水平或退保额（贡献）有不同程度的关联。社会保险的项目主要为养老保险、工伤保险、医疗保险、失业保险、生育保险、遗属保险等。

44. 最低生活保障制度

最低生活保障制度是一种社会保障制度类型，是指国家对家庭人均收入低于当地政府公告的最低生活标准的人口给予一定现金资助，以保证该家庭成员基本生活所需的社会保障制度。其主要特点有：①为保障基本生活提供生活费用补贴；②是为贫困人口提供的一种救济；③具有临时性。原先享受最低生活保障救济的人口或家庭，如果收入有所增加，超过了规定的救济标准，则不再享受最低生活保障救济[①]。实施最低生活保障制度是我国的一种传统做法，但过去的含义与今日大有不同。在过去，救济对象被分成不同类型，享受差别待遇。20 世纪 80 年代以来，不少地方纷纷探索救济方式的改革。1993 年上海市在全国率先建立城镇居民最低生活保障制度，1997 年国务院决定在全国范围内铺开。1999 年 9 月，《城市居民生活最低保障条例》经国务院审定并于同年 10 月 1 日在全国施行，这意味着城市居民最低生活保障制度在全国范围内全面推行，也是我国社会救助工作发展的一个重要标志[②]。

《关于做好国有企业下岗职工基本生活保障、失业保险和城镇居民最低生活保障制度衔接工作的通知》（劳社部发〔1999〕13 号）规定，下岗职工、失业人员、企业离退休人员和在职职工，在领取基本生活费、失业保险金、养老金、职工工资期间，家庭人均收入低于当地最低生活保障标准的，可以申请城市居民最低生活保障金。下列三类人员可以申请城市居民最低生活保障金：①无生活来源、无劳动能力、无法定赡养人或抚养人的居民；②领取失业救济金期间或失业救济期满仍未能重新就业，家庭人均收入低于最低生活保障标准的居民；③在职人员和下岗人员在领取工资或最低工资、基本生活费后及退休人员领取退休金后，其家庭人均收入仍低于最低生活保障标准的居民。

---

① 奚洁人. 科学发展观百科词典［M］. 上海：上海辞书出版社，2007.

② 奚洁人. 科学发展观百科词典［M］. 上海：上海辞书出版社，2007.

45. 社会福利

从广义上来说，社会福利是指同提升公民生活素质、促进社会发展与提高社会总体文明水平相关的一切物质、活动和相关服务。从狭义上讲，社会福利则是指国家（或政府）针对社会中有特殊需要的个人和群体提供的津贴、物质和社会服务。在中国，社会福利主要是指由政府部门（主要是民政部门）为社会中的困难群体提供的津贴、服务和相关支援活动，是一种基于需要但是专业化水平较低的社会服务①。

46. 福利企业

福利企业指的是国家和社会为帮助有残疾的公民实现就业和提高生活质量而建立的集中安置有劳动能力的残疾人就业的特殊性经济组织，在为残疾人提供就业保障，帮助其提高生活质量、平等融入社会、实现人生价值上发挥了重要作用。根据国家对福利企业的相关政策规定，所谓福利企业，是指经民政部门认可、集中安置残疾人劳动就业、残疾职工达到国家规定比例、享受相应的税收优惠等政策、具有社会福利性质和社会保障功能、开展生产经营活动的特殊企业。

47. 福利漏洞

福利漏洞是指在社会政策中因管理不善而造成的社会福利资金流失和浪费。首先，福利漏洞指社会福利机构方面的漏洞，即因为内部管理不善而导致公共资金运行效率的降低。社会福利机构方面的漏洞表现为：一是公共资金分配和使用的不合理导致社会福利资源的浪费，即有限的公共资金没有用到最急需的方面；二是社会福利机构的管理不善导致机构膨胀，社会福利机构内部消耗了过多的福利资源；三是社会福利机构的管理不善导致机构工作人员非正常地消耗公共资源。以上情况都会导致社会福利资源的低效率使用。其次，福利漏洞指服务对象方面的漏洞，即外部管理不善导致福利受益者的行为偏差，从而使福利资源难以发挥其应有作用。此

---

① 王思斌. 社会工作概论［M］. 3 版. 北京：高等教育出版社，2004.

方面的漏洞包括受益者的不当受益（将不合格者纳入受益者名单）、超标受益（实际受益水平超出了法定的或合理的标准）、重复受益（受益者在不同的项目中重复受益）及受益转移（社会福利资金和服务通过合格的受益者流向了其他不合格的受益者）[①]。

48. 社会治理

社会治理是指以政府为主导的、包括其他社会力量在内的行为主体，在法律、法规、政策的框架内，通过各种方式在社会领域各环节进行组织、协调、服务、监督和控制。社会治理的主体是政府、社会组织和市场，客体是与满足人们日益增长的需求相关的社会生活和公共事务，手段是多元主体之间的合作与协商，目标是缓解社会矛盾、解决社会问题、维持社会安定、促进社会发展。社会治理的过程就是协调多方利益关系并将其固定下来的过程，也是政策化的过程。

49. 社会建设

社会建设是一项系统性的、持续的社会工程，主要是指在经济增长和政府改革的基础上，通过制度建设和政策引导，发展社会事业，改善社会治理，增进社会融合，保障社会的可持续性，从而全面提升当代人和后代人的福利水平，实现社会和谐与永续发展。社会建设的核心内涵是发展社会事业以改善民生，促进经济、社会、政治与文化各个子系统之间的关系协调。

50. 三社联动

三社联动是社区、社会组织和社会工作者在社区领域围绕社区居民开展的社区治理活动，其目的是增进居民福祉、实现基层民主、促进社区内生性发展。作为自治协商平台的居委会、项目运作载体的社会组织和专业服务提供者的社会工作者，他们之间均存在双向互动关系。

---

① 关信平. 社会政策概论［M］. 3版. 北京：高等教育出版社，2014.

51. 社会服务组织

社会服务组织也称社会服务机构，有一定的组织形式，通过成员之间的分工合作实现服务有需要人群和社会的目标①。社会服务组织是直接从事社会服务工作的组织，是社会福利传输的主体②。我国社会服务机构的类型有政府（如民政部门）、群众团体组织（如共青团、工会等）、社会公益类事业单位（如儿童福利院、非营利性医疗机构等）、社会服务类民间组织（如中国扶贫基金会、北京慧灵智慧人士服务中心）③。

52. 社会工作机构

社会工作机构，即社会工作服务机构，是以社会工作者为主体，坚持助人自助宗旨，遵循社会工作专业伦理规范，综合运用社会工作专业知识、方法和技能，开展困难救助、矛盾调处、权益维护、心理疏导、行为矫治、关系调适等服务工作的非企业单位。

53. 政府购买社会工作服务

政府为履行为社会发展和人民生活提供服务的职责，通过向社会公开招标的形式，选择最适合的社会工作服务机构，以其专业的服务为有需要的社区、机构、家庭及个人解决问题，并由政府支付一定的服务费用，同时政府应当加强监管和评估，确保高水平的服务，并促进提高服务质量。政府购买社会工作服务主要涉及养老服务、社区服务、教育服务、医疗卫生服务、就业服务、培训服务、计划生育服务及各种专业服务等。社会工作服务首先应该以受助人需要为目的，依靠科学的助人技巧、方法与手段来完成。政府购买的是各项服务活动而不是其他活动。2012 年 11 月印发的《民政部 财政部关于政府购买社会工作服务的指导意见》（民发

---

① 王思斌. 社会工作概论［M］. 3 版. 北京：高等教育出版社，2004.

② 李迎生. 社会工作概论［M］. 3 版. 北京：中国人民大学出版社，2018.

③ 全国社会工作者职业水平考试教材编委会. 社会工作综合能力（初级）［M］. 北京：中国社会出版社，2018.

〔2012〕196 号）对政府购买社会工作服务给出了以下定义："政府购买社会工作服务，是政府利用财政资金，采取市场化、契约化方式，面向具有专业资质的社会组织和企事业单位购买社会工作服务的一项重要制度安排。"

54. 弱势群体

弱势群体又称脆弱群体或劣势群体。社会弱势群体是指在社会资源分配上具有经济利益的贫困性、社会质量的低层次性和承受力的脆弱性的特殊社会群体，他们依靠自身的力量或能力无法保障个人及其家庭成员的基本生活，需要国家和社会给予支持和帮助。

55. 实证为本的社会工作

实证为本的社会工作也就是证据为本的社会工作，是指在西方社会工作领域形成的关于社会工作实践立足科学研究的结果并从众多证据中找出最佳实践的一整套基本理念和操作架构。证据为本的社会工作的核心就在于要根据科学研究所得，如什么对服务对象是有益的，什么对服务对象是无益的，提供专业服务。证据为本的社会工作的主要要素就是将已有的科学知识（或证据）与面临的服务对象（或系统）问题匹配起来，即什么知识可以帮助社会工作者解决问题？介入是否有效？

56. 同感

同感就是尝试进入服务对象的内在心里世界，用服务对象的眼光来看问题。社会工作者允许服务对象有自己的想法和感觉，同时又会尝试进入服务对象的内在知觉世界，去体会和了解服务对象的感受和思想。正确的同感，不仅有助于专业关系的建立，还能协助服务对象疏解被压抑的情绪，增进服务对象对自我的了解和提升解决问题的能力。同感是指准确地感知他人内在的参考架构和一直持续的情绪要素。同感强调进入，也强调抽离，社会工作者应尝试进入服务对象的内在知觉世界，同时保持客观性，随时能够跳出服务对象的感受和思维①。

① 许莉娅，童敏. 个案工作［M］. 北京：高等教育出版社，2013.

57. 接纳

接纳就是接受服务对象，接受服务对象的优缺点和言行举止，而不去批评或怀疑他。接纳是一种非评判的态度，能给人温暖、自由和安全感，它有助于服务对象的自我开放和自我探索。为了做到接纳，社会工作者必须抛弃以自己喜好的标准来评判他人的习惯。接纳并不意味着社会工作者赞同服务对象的价值观或行为，而是相信服务对象出现当前不合理的思想与行为是有复杂的历史与现实原因的，思想与行为虽然不合理，却是可以理解的。社会工作者为了协助服务对象，要积极了解服务对象，而非评判对错或好坏①。

58. 移情

移情表现为服务对象不把社会工作者看作帮助他解决问题的专业人员，而是把在早年情感生活经验中对某特定人（尤其是父母）的特殊感受或反应投射到社会工作者身上，把社会工作者当作早年情感生活经验中的某特定人看待。移情有正向与负向两种。正向的移情表现为服务对象对社会工作者情绪的依恋和理想化，甚至把异性的社会工作者当作恋人；负向的移情如敌意、激动或愤恨，表现在无助、抗拒、否认或追求赞许等行为上。移情反应如不经适当处理与疏解，将极大地损害专业关系的形成与服务目的的达成②。

59. 反移情

反移情是指社会工作者对服务对象产生的一种非现实的感情、态度与反应。这种感情往往是专业人员过去与他人关系的经验之一，如今它被转到所服务的服务对象身上。反移情也有正向与负向两种，即社会工作者对服务对象的过分认同和认同过少。过分认同使社会工作者完全站到服务对象的立场上，与服务对象同乐同悲，只看到服务对象的长处，而看不到服务对象的问题，这使社会工作者无法协助服务

① 许莉娅，童敏. 个案工作［M］. 北京：高等教育出版社，2013.

② 许莉娅，童敏. 个案工作［M］. 北京：高等教育出版社，2013.

对象面对问题和寻求改变。而认同过少则往往产生于服务对象的粗暴与敌意，这激起社会工作者的感情困扰，使其把对早年经历中某个特定任务的态度转移到服务对象身上，因此无法客观地了解服务对象的能力或长处，无法提供温馨和支持的气氛，甚至不自觉地与服务对象作对[①]。

60. 个别化

个别化指社会工作者在助人过程中始终把服务对象视为独立的个人或群体。它要求把服务对象同独立的个人或群体联系起来，而不是将服务对象的特性视为某一类群体的简单典型。它体现了社会工作者对服务对象的尊重，有助于提高社会工作的成效[②]。

61. 澄清

澄清是指社会工作者引领服务对象对模糊不清的陈述作更详细清楚的解说，使之成为清楚具体的信息。澄清也包括社会工作者解说自己所表达的不甚清楚的信息。社会工作者在运用澄清技术时应注意：多用开放式的提问引导服务对象做更多的表达；邀请服务对象举例说明是澄清的较好方法；感觉到不清楚的信息应及时澄清；社会工作者给服务对象传递信息后，应注意观察服务对象的反应；澄清的技术应该运用在个案会谈的始终[③]。

62. 对焦

对焦是指将游离了主题的话题、过大的谈论范围，或者同时出现的多个话题收窄，找出重心，并顺其讨论。对焦可以使会谈减少跑题、多头绪的干扰，使会谈能够集中在相关主题以进行深入具体的讨论[④]。

---

① 许莉娅，童敏. 个案工作［M］. 北京：高等教育出版社，2013.

② 许莉娅，童敏. 个案工作［M］. 北京：高等教育出版社，2013.

③ 许莉娅，童敏. 个案工作［M］. 北京：高等教育出版社，2013.

④ 许莉娅，童敏. 个案工作［M］. 北京：高等教育出版社，2013.

63. 自我披露

自我披露是指社会工作者选择性地向服务对象披露自己的亲身经验、处事方法和态度等，从而使服务对象能够借鉴他人的经验作为处理自己的问题的参考。自我披露可以引导服务对象从其他的角度去思考问题，或者参考别人的方法解决自己的问题；自我披露还可以为服务对象树立坦诚沟通的榜样，社会工作者的坦诚开放、与人分享自身的经历和感受，会感染服务对象，使其愿意表露自己的内心世界；自我披露有利于改善工作关系，社会工作者的自我披露可以拉近与服务对象的心理距离，发展融洽的专业关系[①]。

64. 对质

对质是指社会工作者在发觉服务对象的行为与经验、情感等有不一致的情况时直接发问或提出疑义。通过对质，社会工作者可以协助服务对象觉察到自己的感受、态度、信念与行为不一致或不协调的地方。对质含有攻击性的面对面的冲突的意思，有导致危机的危险，因此，社会工作者在使用对质时要特别注意：对质的使用一定要有先决条件，那就是在专业关系中已经产生了接纳、尊重、同感、真诚和温暖；对质强弱程度的不同会产生不同的效果，社会工作者最好采用尝试性的对质，要用爱心去对质[②]。

65. 倾听

倾听是指社会工作者主动积极地运用视听器官去搜集服务对象信息的活动。它主要强调搜集关于服务对象的一切情况，是一种信息的输入行为。完全主动的倾听包括三方面的内容：一是倾听服务对象的话语信息，二是观察服务对象的身体语言信息，三是解读服务对象其人[③]。

---

① 许莉娅，童敏. 个案工作［M］. 北京：高等教育出版社，2013.

② 许莉娅，童敏. 个案工作［M］. 北京：高等教育出版社，2013.

③ 许莉娅，童敏. 个案工作［M］. 北京：高等教育出版社，2013.

66. 同理心

同理心是指社会工作者进入并了解服务对象的内心世界，并将这种了解传达给服务对象的一种技术能力。同理心包括情绪同理和角色同理两个层面的内容。情绪同理即同感，是指社会工作者如同亲身体验地感受服务对象的感受，是一种受他人感动的能力。角色同理是指社会工作者了解服务对象的情境、参考架构及观点的能力。角色同理要求社会工作者尽量放下自己的参考构架和文化背景，站在服务对象的角度去理解服务对象的问题及其相关行为①。

67. 摘要

摘要是指社会工作者把服务对象过长的谈话或不同部分所表达的内容进行整理、概括和归纳，并作简要重点的摘述。摘要的运用可以帮助服务对象厘清自己混乱的思路，突出服务对象在想法、感受、行为、经验上的特点或模式，促进服务对象对自己有较清晰的了解。要想做准确的摘要，社会工作者必须对服务对象保持专注、聆听，并在倾听的同时迅速串联谈及的内容和感受的重点，在此基础上，进行综合归纳，然后用简明扼要的语句清楚地表达出来。另外，社会工作者做完摘要后，还应向服务对象查证摘要是否准确，允许服务对象否定、接纳或更正社会工作者的摘要②。

68. 职业枯竭

职业枯竭是心里枯竭的一种，特指助人行业的社会工作者无法应对外界超出个人能量和资源的过度要求，从而产生心理、情绪情感、行为等方面的身心耗竭状态。职业枯竭的三个核心成分如下：情感枯竭，即个体情感处于极度疲劳状态，工作热情完全消失；去个性化，即个体以消极、否定、麻木的态度对待工作；个人成就感降低，即个体评价自我意义与价值的倾向降低③。

---

① 许莉娅，童敏. 个案工作［M］. 北京：高等教育出版社，2013.

② 许莉娅，童敏. 个案工作［M］. 北京：高等教育出版社，2013.

③ 许莉娅，童敏. 个案工作［M］. 北京：高等教育出版社，2013.

69. 怀旧

怀旧是老年社会工作的重要技巧之一，即让老人回顾他们过往生活中最重要、最难忘的事件或时刻，从回顾中让老人重新体验快乐、成就感、尊严等多种有利于身心健康的情绪，帮助老人找回自尊和荣耀。这一方法对调整老人的心态十分有效。通过怀旧，老人可能再次体验过往岁月中不愉快的事件，但老人对不愉快事件的追述在一定程度上会缓解其自责和内疚，减轻焦虑和不安①。

70. 生命回顾

生命回顾是老年社会工作的重要技巧之一，即让老人通过缅怀过去一生成功和失败的经历，重建完整的自我。社会工作者应鼓励老人将人生的经历尽可能详尽地倾诉出来，以达到内省的目的。它是对整个人生的回顾，因此它系统详细，更能让老人面对自己的人生境遇，体味人生的价值和意义。通过生命回顾，许多老人减轻了自责和内疚，重塑自我，找回了生命的意义②。

71. 机构照顾

机构照顾是指专门为老人提供护理、食宿、照料的各种福利院和敬老院对老人实施的照顾。老人一旦入院，老人的一切生活都在院内进行。福利院对入院老人进行全面的照顾可以帮助老人顺利地生活，特别是对那些不能自理的老人来说十分重要，而且福利院的专门人员向老人提供的服务一般不会太差。机构对老人的照顾，以机构的设置条件，特别是工作人员的服务态度和技巧为转移。良好的服务设施，高水平的、关心老人的专业人员会满足老人的多种需要，从而使老人有一个幸福的晚年③。

---

① 王思斌. 社会工作概论［M］. 3 版. 北京：高等教育出版社，2004.

② 王思斌. 社会工作概论［M］. 3 版. 北京：高等教育出版社，2004.

③ 王思斌. 社会工作概论［M］. 3 版. 北京：高等教育出版社，2004.

72. 社会支持网络

社会支持网络是指以个体为中心的、起支持作用的关系的集合。社会支持包括情感支持和实际支持。情感支持主要有提供咨询、讨论个人问题等，实际支持主要指通过实物或服务提供物质的、确定的支持。社会支持网络是个人所处的生活环境，关系网络反映个人与生态中其他系统之间的关系状态，社会支持多寡则呈现个人与他人之间的交流状态[①]。

73. 家庭生命周期

家庭生命周期亦称家庭生活历程，即家庭自成立之日（夫妻缔结婚姻关系）起，经历一系列发展阶段，并分裂出新的家庭，最终该家庭消亡的全过程。在家庭生命周期中，家庭成员完成人生任务，家庭得到延续，母家庭孕育了子家庭。

我国的家庭生命周期大致可以划分为五个阶段：新婚期（2 年左右），从结婚到生育第一个孩子；育儿期（5 至 6 年），从生第一个孩子至最后一个孩子上小学；教育期（15 年左右），从孩子入小学至孩子独立；向老期（20 年左右），子女相继离家；孤老期（10 至 15 年），夫妻中只剩一人，直至该家庭生命终结[②]。

74. 家庭结构图

家庭结构是指家庭中成员的构成及其相互作用、相互影响的状态，以及由这种状态形成的相对稳定的联系模式。家庭结构包括两个基本方面：一是家庭人口要素，即家庭由多少人组成，家庭规模的大小；二是家庭模式要素，即家庭成员之间怎样相互联系，以及因联系方式不同而形成的不同的家庭模式[③]。家庭结构的类型主要分为核心家庭、主干家庭、联合家庭三种。

（1）核心家庭，指一对夫妇及其未婚子女组成的家庭。这种家庭以夫妇关系为核心，因而称为核心家庭。家庭中只有一对夫妇（无子女）或两代人（有子女），家庭规模通常较小，家庭关系也比较简单和稳定。

---

① 王思斌. 社会工作概论［M］. 3 版. 北京：高等教育出版社，2004.

② 王思斌. 社会工作概论［M］. 3 版. 北京：高等教育出版社，2004.

③ 徐汉明，盛晓春. 家庭治疗：理论基础与实践［M］. 北京：人民卫生出版社，2010.

（2）主干家庭，指由一对夫妇与其父母和未婚子女组成的家庭，它是核心家庭纵向扩大的结果。这是一种以直系亲属为主的三代同堂的家庭，由于代际层次增多，因此家庭关系比核心家庭复杂。

（3）联合家庭，指由两对或两对以上同代的夫妇与其父母和子女组成的家庭，一般是兄弟在结婚后不分家而形成的，其特点是家庭中至少有两对同代的夫妇。联合家庭通常是大家庭，家庭关系比较复杂。除了直系亲属关系外，联合家庭中还存在许多旁系亲属关系，因此容易产生各种家庭矛盾和问题。

（4）其他家庭，指除了上述三种家庭类型以外的各种家庭，如单身家庭、隔代家庭、单亲家庭等[①]。

家庭结构图又称家庭树，是社会工作者在预估的时候常用的方法之一，一般用于分析案主生活的历史及各种社会关系和重大事件。家庭结构图以图形来表示家庭的树状结构，可以提供有关家庭历史、婚姻、死亡等的家庭事件，以及家庭沟通方式和互动方式的概要信息，通常至少包括三代人。这种把家庭作为一个系统来研究的方法，不仅可以帮助案主看到他/她在家庭中所处的位置，而且可以看到自己是怎样被家庭影响的[②]。

家庭结构图中所使用的符号有特定的含义：一般男性用方块（□）表示，女性用圆形（○）来表示，配偶关系用线段表示，实线（——）代表已婚配偶，虚线（----）代表未婚关系，从线段衍生出来的符号表示由此关系而来的孩子。分居和离婚则分别用一条反斜线（/）和两条反斜线（//）表示。对于孩子，根据出生时间的先后顺序从左到右进行排列，对于死亡的孩子，用在方块或圆形图上画×来表示。如果可能的话，还可以在图上标注出每个人的名字和年龄，有关结婚、分居、离婚、死亡等情况都可以用简单的符号来表示，如 M'82 可表示 1982 年结婚。我们还可以用一些简单的符号来记录某些生活中的重大事件，如出生、死亡、结婚、离婚、分居、毕业、参军、住院、搬家、工作变故、意外变故、受伤害等，并在家庭结构图的下方记录下这些信息的来源和日期[③]。通常家庭结构图还可以反映家庭中人员之间的相互关系（见图 6-1[④] 和图 6-2[⑤]）。

---

① 彭华民．人类行为与社会环境［M］．3 版．北京：高等教育出版社，2016.

② 朱眉华，文军．社会工作实务手册［M］．北京：社会科学文献出版社，2006.

③ 朱眉华，文军．社会工作实务手册［M］．北京：社会科学文献出版社，2006.

④ 朱眉华，文军．社会工作实务手册［M］．北京：社会科学文献出版社，2006.

⑤ 朱眉华，文军．社会工作实务手册［M］．北京：社会科学文献出版社，2006.

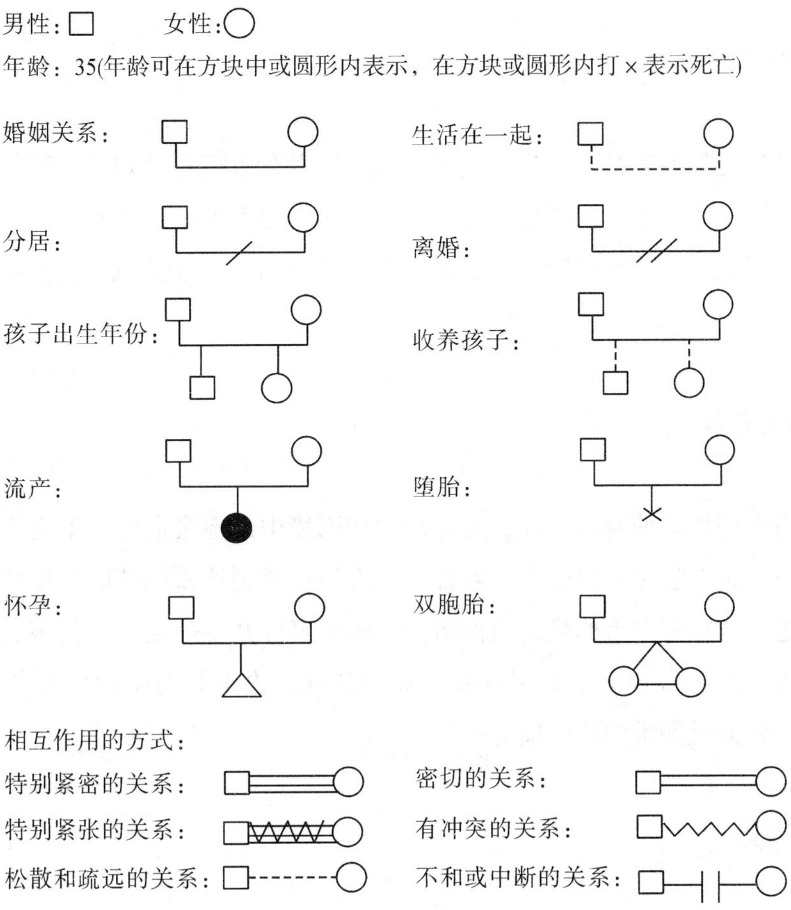

图 6-1　家庭结构图

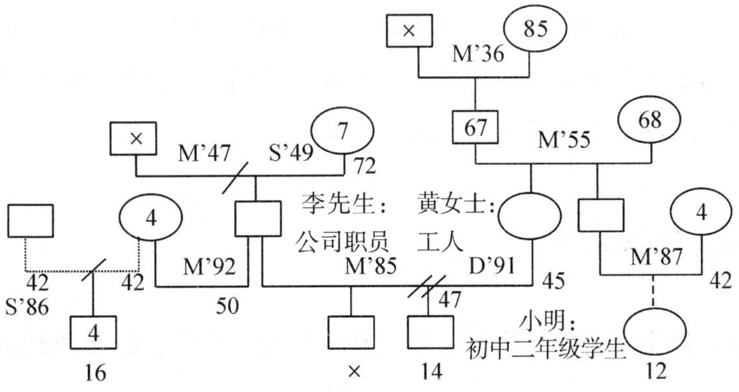

图 6-2　小明的家庭结构图

75. 街头辅导

街头辅导也称外展社会工作，是指社会工作者有组织有计划地在繁华街道、车站、公园、网站、球场、快餐厅、台球厅等容易出现青少年违法和不良行为的场所进行巡视，发现并辅导有违法和不良行为的青少年，防止他们进一步滑向犯罪深渊①。

76. 抗逆力

抗逆力为一种即使身陷明显的特定压力和困境中也不会退缩、不会表现出不良行为的品质。越来越多的研究和实践证实，人们在遇到严重麻烦时会反弹，个人和社区可以超越和克服严重麻烦的负面事件。压力事件并不一定导致伤害、适应失败和精神问题。抗逆力并不是对困难和伤痛的忽视，也不是对生活中痛苦的天真忽略。它是一种面对磨难的抗争能力②。

77. 转介

转介是个案工作中常用的方法，它是将一些本机构或社会工作者不能提供服务的个案，经过必要的程序，转送给其他机构或个人，使求助者能够得到适当的服务。转介对求助者来说是一种关系对待。一般在两种情况下可以提供转介服务：一是服务对象所需解决的问题不属于本机构服务的范围；二是服务机构仅为某些区域的人提供服务，求助者不属于这个区域③。

78. 个案工作的程序

个案工作的程序就是开展个案工作的基本步骤。个案工作必须经过初步接触与

① 王思斌. 社会工作概论［M］. 3版. 北京：高等教育出版社，2004.

② 全国社会工作者职业水平考试教材编委会. 社会工作综合能力（中级）［M］. 北京：中国社会出版社，2020.

③ 许莉娅，童敏. 个案工作［M］. 北京：高等教育出版社，2013.

建立关系、资料收集和问题评估、制定目标和服务方案、落实服务计划、结束服务、评估和服务跟进等几个阶段，而且在每个阶段，专业关系的建立都是贯穿始终的核心。个案工作的各个阶段不是截然分开的①。

79. 个案工作的服务模式

个案工作的服务模式是社会工作者针对某个服务对象或某个家庭开展专业服务、设计专业服务程序和专业服务方法的重要依据，根据介入对象的不同可以分为个案介入模式和家庭介入模式。个案介入模式包括心理社会治疗模式、认知行为治疗模式、理性情绪治疗模式、任务中心模式和危机介入模式。家庭介入模式包括结构家庭治疗、萨提亚家庭治疗、叙事家庭治疗等治疗模式②。

80. 个案会谈

个案会谈是指在个案工作中，社会工作者与服务对象面对面有目的的专业谈话。个案会谈是一般人际沟通的特例，其特点是具有目的的明确性、内容的选择性、过程的计划性、角色的规定性、非互惠性及非娱乐性③。

81. 个案访视

个案访视是指在个案工作中，社会工作者为了了解服务对象的问题或促进服务对象适应，到服务对象生活过的环境中拜访有关人员的一种专业性访问。因访视场所的不同，个案访视可分为家庭访视、学校访视、单位访视及社区访视。个案访视的意义在于了解服务对象的适应情况，协助有关人员了解服务对象的困难，对服务对象的适应给予积极的支持，促进服务对象增强适应能力④。

---

① 许莉娅，童敏. 个案工作［M］. 北京：高等教育出版社，2013.

② 许莉娅，童敏. 个案工作［M］. 北京：高等教育出版社，2013.

③ 许莉娅，童敏. 个案工作［M］. 北京：高等教育出版社，2013.

④ 许莉娅，童敏. 个案工作［M］. 北京：高等教育出版社，2013.

82. 个案管理

个案管理是指个案管理者通过协调、连接及整合资源的方法，为陷入多重困境与具有多种需要的服务对象提供全方位的服务，帮助服务对象摆脱困境、强化资源网络及增强使用资源的能力。个案管理者需要具备专业社会工作者的资格，并且应该接受过专门的个案管理技能训练，因为其服务对象是同时面临多个问题、陷入多重困境和具有多种需要的人。个案管理具有连续性与重叠性，具有整合取向，强调成本控制与服务成效，强调团队合作及服务以社会福利体系的相对完善为基础①。

83. 小组构成

小组构成是指静态的结构要素和动态的过程要素的构造，小组工作就是这些要素互相作用的结果。在小组构成中，静态的结构要素包括小组的内部结构要素（小组、成员、社会工作者、目标、协议、活动节目等）和小组的外部结构要素（机构、规模、时间和空间等），动态的过程要素包括小组过程中的决策、领导、沟通、冲突、次小组、角色、孤独者、凝聚力、规范、文化等②。

84. 小组工作的主要模式

小组工作的主要模式有社会目标模式、互惠模式和治疗模式等③。

（1）社会目标模式是最早的一种小组工作模式，旨在通过一系列原则和方法培养成员的社会责任感、社会意识和社会良知，其原则与社区工作原则有许多相似之处。社会目标模式在小组中强调参与、共识与任务的达成，更重要的是强调自我了解和专业训练。该模式较多地运用在社会政治小组和组织小组中。

（2）互惠模式又称互动模式或调节模式。其理论基础是系统理论和场域理论，互动和沟通理论也对此模式有影响。该模式主要关注子系统（小组成员）和整体系统（小组环境和社会环境）之间的关系，关注小组成员彼此的沟通和互动，而不是

---

① 许莉娅，童敏．个案工作［M］．北京：高等教育出版社，2013.

② 刘梦，张和清．小组工作［M］．北京：高等教育出版社，2013.

③ 刘梦，张和清．小组工作［M］．北京：高等教育出版社，2013.

小组成员本身。

（3）治疗模式也称预防和康复模型，以治疗个人作为小组工作的任务，同时提供个人预防和康复的干预方式。该模式充分吸纳了精神医学、心理治疗与咨询的理论和技术，提供的是与个案工作紧密联系的个人康复和改善的机会。

85. 首属小组

库利首次正式提出并使用了首属小组这个概念。它是指那些亲密的、面对面的交往及有直接互动和合作的小组。这些小组主要包括家庭、邻里及儿童游戏伙伴。首属小组是对个人的成长发展影响最深远的小组。很多积极的品质和消极的品质都是在首属小组中获得并强化的①。

86. 小组动力

小组动力描述小组在实现目标的过程中，参与小组生命发展的各种复杂力量及其交互作用和交互方式，这个过程包括小组的形成、启动、发展、成熟、落幕、结束、跟进等②。

87. 协同领导

协同领导是指在小组工作中，有两个社会工作者分享领导权，领导者彼此呼应，共同领导小组。协同领导的主要模式有新手模式、分担模式、交替领导模式等③。

88. 群体内聚力

群体内聚力或群体凝聚力是指群体成员凝聚为一体，合力于群体或组织目标活动的心理结合力。它包括两个方面：一是群体对成员的吸引力，二是成员彼此之间

---

① 许莉娅，童敏. 个案工作［M］. 北京：高等教育出版社，2013.

② 刘梦，张和清. 小组工作［M］. 北京：高等教育出版社，2013.

③ 刘梦，张和清. 小组工作［M］. 北京：高等教育出版社，2013.

的吸引力。内聚力表现在成员的心理感受方面，即产生认同感、归属感和有力感[①]。群体内聚力表现为知、情、意三方面。认同感给予个人认知上的支持，归属感给予个人情感上的依靠，有力感则带给个人意志力量，从而群体与个体能相互作用。群体内聚力对群体及成员发挥的作用，主要表现为增强群体的稳定性，增强群体成员的自尊心、自信心与安全感，提高群体的工作效率等[②]。

89. 社区

社区是指一定数量居民组成的、具有内在互动关系和文化维系力的地域性的生活共同体。地域、人口、组织结构和文化是构成社区的基本要素[③]。

90. 社区两委

社区两委包含了社区党支部委员会和社区居委会，一个是国家的基层党组织，协助完成党和政府的各项基层任务，一个是群众性自治组织，是政府部门与社区居民之间的沟通桥梁，为社区居民参与社区公共事务提供渠道，保障社区居民参与社区公共事务的组织化、制度化、常规化[④]。在社区治理中，社区两委处在主导地位和核心地位，他们掌握着社区的各类资源及社区居民的具体情况，他们的治理能力直接关系社区治理的绩效。

91.“政校社”协同

“政校社”协同既是一种治理理念，也是一种创新模式，是在“三社（社区、社会组织和社会工作）联动”实践的基础上拓展政府和高校等多元主体。“政校社”协同是指政府、高校和社会组织发挥各自优势，通过充分协商、相互协作，共同推动社区（社会）建设与发展的治理理念与模式的创新。

---

① 俞国良. 社会心理学［M］. 北京：北京师范大学出版社，2006.

② 俞国良. 社会心理学［M］. 北京：北京师范大学出版社，2006.

③ 徐永祥，孙莹. 社区工作［M］. 北京：高等教育出版社，2013.

④ 郁建兴，任泽涛. 当代中国社会建设中的协同治理：一个分析框架［J］. 学术月刊，2012（8）：23-21.

92. 社工站

社工站是社会工作服务站的简称，是指社会工作服务机构通过派驻社会工作专业服务人才，为某一地区提供专业的社会工作服务，在特定区域建立社会工作服务站点。目前在我国，最多的是社区社工站和学校社工站。自 2021 年起，各地在民政部的倡导下，越来越多地开展乡镇（街道）社工站建设。社工站将在 2025 年基本实现全覆盖。

93. 社区发展基金

社区发展基金（Community Development Funds，CDF），是一种从解决农村生计问题出发，以赋权和培育自组织能力为根本，以社区组织为载体，通过小额贷款活动及其产生的积累，将社区合作、医疗保障、助贫扶弱、科技推广和社区公共产品供给等有机结合起来，以推动社区可持续综合发展的机制①。社区发展基金的特点如下：①社区发展基金归全体村民所有；②社区发展基金实行村民自我决策和管理；③社区发展基金具有很强的公益性②。

按照资金来源和管理方式的不同，目前在我国农村地区活跃的社区发展基金可以分为国际机构推动型社区发展基金、政府推动型社区发展基金和村民自建型社区发展基金三种。

（1）国际机构推动型社区发展基金。它在中国出现的时间最早。在国际机构推动型社区发展基金项目中，国际机构的主要职责是为社区提供项目启动资金和技术支持，协助社区成立管理组织和制定基金管理制度，并对项目的实施过程进行实时监控。国际机构在项目实施过程中具有很强的干预性，社区村民虽是国际机构推动型社区发展基金的管理主体，但其项目操作必须在国际机构的指导下完成，管理活动的内容和形式受到一定限制。

（2）政府推动型社区发展基金。它由政府出资推动，基金的运作由政府部门负责监督。政府推动型社区发展基金在中国出现的时间较晚。该类型的社区发展基金

---

① 何广文. 农村社区发展基金的运作机制及其绩效诠释［J］. 经济管理与研究，2007（1）：31-39.

② 饶小龙，唐丽霞. 我国农村社区发展基金的现状及问题研究［J］. 农村经济，2008（4）：82-84.

在操作上借鉴了很多国际机构的经验，为了保证资金运作的安全性，政府可以动员更多的社会力量，让各县直机构和乡（镇）政府直接参与试点村项目的监督。这种类型的社区发展基金是由政府推动的，项目的设计与国家政策紧密结合，如果试验成功将在模式的推广方面具有很大的优势。

（3）村民自建型社区发展基金。它是一种内生式的社区发展基金，是社区农户基于需求而自发组织筹建的基金。村民自建型社区发展基金的资金主要来源于村集体经济收入和部分农户入股，完全由村民自己运作和监督。村民自建型社区发展基金较好地反映了社区农户的需求，农户参与积极性高，对项目的拥有感和责任感强，这些都有利于项目的实施及可持续发展，但这种类型的社区发展基金也受到启动资金缺乏和管理技术不足的双重制约，造成在模式的推广上受到极大限制①。

94. 社区营造

社区营造是指从社区生活出发，集合各种社会力量与资源，通过社区中人的动员和行动，将社区公共问题交由居民来共同解决，实现自我教育、自我服务、自我管理、自我监督。社区营造中最关键的是居民主动融入和深度参与，强调居民自治和身份建设。社区营造是将人与人、人与地相联系的过程。社区营造可以从人物、文化、地方特色、产业、风景、治理等维度出发，用不同的活动和服务重新联结居民，发挥社区自治应有的力量。

95. 社区参与

社区参与是指社区成员自觉自愿地参加社区各种公共活动或公共事务的决策、管理和运作，影响社区权力运作，分享社区建设成果经验的行为和过程②。社区参与的内涵包括：一是从本质上看，社区参与反映了社区成员与社区之间的权利、义务和责任关系；二是从外延上看，社区参与包括了所有与社区有关的公共事务和公共活动；三是从行动目标上看，社区参与是为了促进社区与人的共同发展③。

---

① 饶小龙，唐丽霞. 我国农村社区发展基金的现状及问题研究［J］. 农村经济，2008（4）：82-84.

② 姜振华. 城市老年人社区参与的现状及原因探析［J］. 人口学刊，2009（5）：38-43.

③ 杨荣. 论我国城市社区参与［J］. 探索，2003（1）：55-58.

96. 社区动员

社区动员是指为激发居民广泛参与，依靠自己的力量，实现特定的社区发展目标，解决特定的社区问题而进行的大规模、持久的社区建设运动。社区动员要实现的结果是居民积极主动参与整个管理过程，包括确定社区需求，制订、实施社区发展计划，以及评价社区发展目标的实现程度。社区动员要实现的结果还应体现在各动员主体与合作伙伴的关系中。社区动员是一个把社区建设目标转化成社区行动的过程[①]。

97. 社区资源

社区资源指一个具体社区能够掌握、支配和动员的各种现实的社会资源。社区资源的本质是一个开发利用的过程，因此社区资源既包括潜在的社区资源，也包括现实的社区资源。正因为存在潜在的社区资源，所以才存在对社区资源的开发问题。狭义的社区资源指一个具体社区能够掌握、支配和动员的现实资源。广义的社区资源，则是社区赖以存在和发展的一切资源的通称，它既包括街道居委会自有资源，也包括社区资源；既包括服务设施资源，也包括人力、科技和信息资源；既包括现有资源，也包括潜在资源；既包括非经营性资源，也包括经营性资源[②]。

98. 社区精英（社区能人和新乡贤结合）

所谓精英，在语义学上主要是指具有较高文化素质、社会地位或有一定的经济实力，在社会活动中能发挥重要作用的人。社区精英则是指拥有一定的优势社会资源，具有较强的公共意识和参与意识，并且实际参与社区公共权力的分配与运行，能够对社区公共事务产生影响力的人群总体[③]。社区精英不仅是受宏观社会结构影响的被动者，更是不断进行组织创新和制度创新的能动者，他们与社区居民直接面

---

① 范斌，赵欣．结构、组织与话语：社区动员的三维整合［J］．学术界，2012（8）：77-84.

② 梁茂鷁．关系的力量：社会工作者的社区资源动员网络研究［D］．重庆：重庆大学，2016.

③ 林尚立．社区民主与治理：案例研究［M］．北京：社会科学文献出版社，2003.

对面联系，是进行自治动员和促进公共参与的主要力量①。

99. 社区服务

社区的社会服务简称社区服务，是一个综合性概念，是指在政府的资助、政策的扶持下，根据居民的不同需求，社区内或介入社区的各种法人社团和机构及志愿者所提供的具有公益性质的社会服务。这种公益性质的社会服务，主要表现为无偿性的服务，以及不以营利为目的的微利、微偿性的服务②。

100. 社区组织

社区组织的特定含义是指在社区内开展工作或活动，执行一定的社会职能，完成特定的社会目标的社会组织。广义的社区组织，可以指来自社区外的，以从事社区公共事务或社区政治、经济、文化事业，参与社区活动为目标的各种社会组织及机构。狭义的社区组织，则是指由社区建立的以满足社区需要和促进社区发展为目标的，从事社区管理与服务活动的各种社会组织和机构③。

101. 社区照顾

社区照顾是指那些需要照顾的老人尽可能在他们熟悉的社区环境中接受照顾。社区照顾也指动员社区内的人力、物力和其他资源，去满足社区内老人的多种需要，以帮助他们在社区内能够幸福生活。发展社区照顾是解决我国老人照顾困难的一条比较可行的道路④。

---

① 卢学晖. 社区精英主导治理：当前城市社区自治的可行模式［J］. 宁夏社会科学，2015（4）：99-103.

② 徐永祥，孙莹. 社区工作［M］. 北京：高等教育出版社，2013.

③ 徐永祥，孙莹. 社区工作［M］. 北京：高等教育出版社，2013.

④ 王思斌. 社会工作概论［M］. 3 版. 北京：高等教育出版社，2004.

102. 社区工作者

社区工作者是指在社区工作的社会工作者。他们或者受雇于政府部门，或者在非营利性的社会福利机构（如社区中心）工作。他们是在社区中运用社区工作方法、组织社区居民、动员社区资源、解决社区问题、促进社区进步和发展的专业社会工作者[①]。

103. 社区工作的目标

社区工作的目标如下[②]：

（1）促进居民参与解决自己的问题，增强社区居民的社会意识。

（2）调整或改善社会关系，减少社会冲突。

（3）寻求社区需要与社会资源的有效配合，以满足社区需要，预防和解决社会问题，改善社区生活环境，提高生活质量，促进社区进步。

（4）追求权力和资源的公平分配。

（5）发挥人民的潜能，发掘并培养社区的领导人才。

（6）培养互相关怀、互助互济的美德。

（7）增强社区的凝聚力。

104. 社区工作的主要模式

社区工作的主要模式有地区发展模式、社会策划模式、社会行动模式和社区照顾等[③]。

（1）地区发展模式是指假定社区的变迁可以乐观地通过当地社区居民在有关社区发展的目标决定和行动中的广泛参与来追求。所以地区发展模式作为社会工作的社区介入手法，强调的是民主程序、志愿合作、自我帮助、当地领袖的发展及教育的目的性等。

---

① 徐永祥，孙莹．社区工作［M］．北京：高等教育出版社，2013.

② 王思斌．社会工作概论［M］．3 版．北京：高等教育出版社，2004.

③ 徐永祥，孙莹．社区工作［M］．北京：高等教育出版社，2013.

（2）社会策划模式既指一种社区、社会的发展策略，也指具体的发展项目的策划管理。社会策划模式强调通过设计理性的、精心的计划来解决相关的实质性问题，如青少年违法、住房、精神健康等。理性的、精心的计划和有控制的变化是该模式的核心。在很大程度上，社会策划模式关心的重点是建立、安排和提供商品和服务给有需要的人们，而不是社区能力的建立或促进社会根本性的改变。

（3）社会行动模式是社区社会工作理论与实践的重要组成部分，其假设前提是一群处于劣势地位的人需要被组织起来，与他人联合，并根据社会正义与民主的理念，向社会提出诸如增加资源或合理对待等适当的要求。在一些特定的情况下，社会行动模式也会希望推动社会转型或社会变革。总之，社会行动通过动员社区力量来寻求权利和资源的再分配，甚至改变已有政策。

（4）社区照顾是指在社区内对那些在身体和精神上有需要的人（如老人、儿童、弱能者和残障者），通过正式或非正式的社会服务系统给予其援助性的服务与支持。

105. 社区体系分析

社区体系分析是指对存在于社区内的众多个人、团体或组织做个别的分析，以了解其特性，然后分门别类，并按其共同点归纳成不同的体系，如按其功能、性质等区分出不同类型、不同取向、不同层次。在分析社区体系时，可以将注意力放在那些会影响体系和外界关系的因素上面，具体包括目标、信念、构成、资源及来源、期望等[①]。

106. 社会倡导

社会倡导是指在某个论坛上案主的专门代表或相互代表。其旨在系统地影响不公正或不适宜体制里的决策[②]。社会工作的倡导包括案主倡导、原因倡导、立法倡导和行政倡导四种。案主倡导旨在保护、促进和保障案主的权力、福利、资源、服务和利益。在进行案主倡导时，倡导者必须为了案主的利益而说话、争论、积极争

① 徐永祥，孙莹. 社区工作［M］. 北京：高等教育出版社，2013.

② 施奈德，莱斯特. 社会工作倡导：一个新的行动框架［M］. 韩晓燕，柴定红，魏伟，译. 上海：上海人民出版社，2011.

取、讨价还价和协商洽谈。原因倡导强调问题会影响相同境遇下的更大群体或更多阶层。在某个个体或群体受到不公正待遇或污辱时，倡导者动员一些案主或其他互不相识的人，通过倡导加以纠正。立法倡导指倡导者在立法领域进行坚定而持续的介入，促使解决问题的政策得到出台和贯彻。行政倡导又可细分为两种：一是机构管理者或其机构积极参与的倡导；二是行政任命内部倡导者负责提升案主服务效果，设法减轻案主危害的机构实务或流程①。

107. 社会行动

社会行动是指组织社会上受到忽视、压迫或政策不合理对待的中下层群体，通过集体行动，采用非正规的途径，如较多运用冲突对峙的策略，争取第三者支持，以伸张权益，向当权者争取群体的本身利益，以期获得应得的资源，使社会权力、地位及资源得到合理的再分配，并在过程中提升参与者的社会意识，改变他们的无能及无助感，达成更公平、更公正的社会②。

108. 助理社会工作师报考条件有哪些?

（1）取得高中或中专学历，从事社会工作满 4 年。

（2）取得社会工作专业大专学历，从事社会工作满 2 年。

（3）社会工作专业本科应届毕业生（包括已经取得社会工作专业本科及以上学历、学位的人员）。

（4）取得其他专业大专学历，从事社会工作满 4 年。

（5）取得其他专业本科及以上学历，从事社会工作满 2 年。

109. 社会工作师报考条件有哪些?

（1）取得高中或中专学历，并取得助理社会工作师职业水平证书后，从事社会工作满 6 年。

---

① 张惠敏. 社会工作倡导在反家暴社会动员中的应用与创新［D］. 南京：南京大学，2015.

② 徐永祥，孙莹. 社区工作［M］. 北京：高等教育出版社，2013.

（2）取得社会工作专业大专及以上学历或学位，从事社会工作满 4 年。

（3）取得社会工作专业大学本科学历，从事社会工作满 3 年。

（4）取得社会工作专业硕士学位，从事社会工作满 1 年。

（5）取得社会工作专业博士学位。

（6）取得其他专业大专及以上学历或学位，其从事社会工作年限相应增加 2 年。

110. 高级社会工作师报考条件有哪些?

报名参加高级社会工作师考试的人员，需同时具备以下条件：

（1）拥护中国共产党领导，遵守国家宪法、法律、法规，热爱社会工作事业，具有良好的职业道德。

（2）具有本科及以上学历（或学士及以上学位）。

（3）在通过全国社会工作者职业水平考试并取得社会工作师（中级）资格后，从事社会工作满 5 年，截止日期为考试报名年度的当年年底。

参考文献

[1] 新华社. 中共中央关于坚持和完善中国特色社会主义制度 推进国家治理体系和治理能力现代化若干重大问题的决定 [EB/OL]. (2019-11-05) [2021-04-05]. http://www.gov.cn/zhengce/2019-11/05/content_5449023.htm.

[2] 新华社. (授权发布) 习近平：在哲学社会科学工作座谈会上的讲话（全文）[EB/OL]. (2016-05-18) [2021-04-05]. http://www.xinhuanet.com//politics/2016-05/18/c_1118891128.htm.

[3] 李迎生. 西方社会工作发展历程及其对我国的启示 [J]. 学习与实践, 2008 (7): 120-127.

[4] 刘振. "本土化"抑或"土生化": 中国社会工作百年回眸 [J]. 社会与公益, 2018 (6): 88-89.

[5] 何志宇, 梁建雄, 何雪松, 等. 社会工作本土化之源起 [J]. 中国社会工作, 2007 (3): 13-14.

[6] 王思斌. 试论我国社会工作的本土化 [J]. 浙江学刊, 2001 (2): 57-61.

[7] 何志宇, 梁建雄, 何雪松, 等. 社会工作本土化的内涵 [J]. 中国社会工作, 2007 (2): 14-16.

[8] 闵兢, 梁祖彬, 陈丽云, 等. 我国社会工作教育的历史轨迹与范式转向 [J]. 社会建设, 2019 (5): 32-39.

[9] 萧子扬. 探寻中国社会工作的历史线索和历史品格: 兼评《中国社会工作史简明教程》一书 [J]. 重庆工商大学学报（社会科学版), 2020 (4): 86-93.

[10] 谢建社, 朱小练, 陆珍旭. 当代中国社会工作研究热点及其趋向 [J]. 江汉学术, 2020 (5): 29-39.

[11] 李芳, 梁建雄, 何雪松, 等. 社会工作本土化的教育模式 [J]. 中国社会工作, 2017 (12): 12-13.

［12］社工中国网. 卢谋华：新时期中国社会工作的拓荒者［EB/OL］.（2017-11-07）［2020-09-18］. http://www.xinhuanet.com/gongyi/2017-11/07/c_129733804.htm.

［13］韩明谟. 论发展具有中国特色的社会主义的社会工作教育：社会工作教育本土化问题［J］. 社会工作，1994（3）：4-7.

［14］王思斌. 社会工作概论［M］. 3版. 北京：高等教育出版社，2004.

［15］王思斌. 中国社会工作的嵌入性发展［J］. 社会科学战线，2011（2）：206-222.

［16］李炯标. 行政吸纳组织：社会工作组织模式的创新探索研究：基于对汕头市社工站的调查［J］. 汕头大学学报（人文社会科学版），2018（11）：74-79.

［17］艾伦·沃克. 21世纪的社会政策：最低标准，抑或社会质量［M］// 杨团，关信平. 当代社会政策研究. 天津：天津人民出版社，2006.

［18］王思斌. 我国社会工作从嵌入性发展到融合性发展之分析［J］. 北京工业大学学报（社会科学版），2020（3）：29-38.

［19］全国社会工作者职业水平考试教材编委会. 社会工作综合能力（中级）［M］. 北京：中国社会出版社，2020.

［20］许莉娅，童敏. 个案工作［M］. 北京：高等教育出版社，2013.

［21］郑杭生. 社会学概论新修［M］. 4版. 北京：中国人民大学出版社，2013.

［22］俞国良. 社会心理学［M］. 北京：北京师范大学出版社，2006.

［23］朱眉华，文军. 社会工作实务手册［M］. 北京：社会科学文献出版社，2006.

［24］刘梦，张和清. 小组工作［M］. 北京：高等教育出版社，2013.

［25］顾东辉. 社会工作概论［M］. 上海：复旦大学出版社，2008.

［26］关信平. 社会政策概论［M］. 3版. 北京：高等教育出版社，2014.

［27］冯契. 哲学大辞典：下［M］. 上海：上海辞书出版社，2007.

［28］陶云武. 员工潜能开发研究［D］. 上海：复旦大学，2006.

［29］侯娟. 优势视角下社会工作介入社区志愿者培育过程的研究［D］. 厦门：厦门大学，2014.

［30］奚洁人. 科学发展观百科词典［M］. 上海：上海辞书出版社，2007.

［31］李迎生. 社会工作概论［M］. 3版. 中国人民大学出版社，2018.

［32］全国社会工作者职业水平考试教材编委会. 社会工作综合能力（初级）［M］. 中国社会出版社，2018.

［33］徐汉明，盛晓春. 家庭治疗：理论基础与实践［M］. 北京：人民卫生出版社，2010.

［34］彭华民. 人类行为与社会环境［M］. 3版. 北京：高等教育出版社，2016.

［35］徐永祥，孙莹. 社区工作［M］. 北京：高等教育出版社，2013.

［36］郁建兴，任泽涛. 当代中国社会建设中的协同治理：一个分析框架［J］. 学术月刊，2012（8）：23-21.

［37］何广文. 农村社区发展基金的运作机制及其绩效诠释［J］. 经济管理与研究，2007（1）：31-39.

［38］饶小龙，唐丽霞. 我国农村社区发展基金的现状及问题研究［J］. 农村经济，2008（4）：82-84.

［39］姜振华. 城市老年人社区参与的现状及原因探析［J］. 人口学刊，2009（5）：38-43.

［40］杨荣. 论我国城市社区参与［J］. 探索，2003（1）：55-58.

［41］范斌，赵欣. 结构、组织与话语：社区动员的三维整合［J］. 学术界，2012（8）：77-84.

［42］梁茂鷁. 关系的力量：社会工作者的社区资源动员网络研究［D］. 重庆：重庆大学，2016.

［43］林尚立. 社区民主与治理：案例研究［M］. 北京：社会科学文献出版社，2003.

［44］卢学晖. 社区精英主导治理：当前城市社区自治的可行模式［J］. 宁夏社会科学，2015（4）：99-103.

［45］施奈德，莱斯特. 社会工作倡导：一个新的行动框架［M］. 韩晓燕，柴定红，魏伟，译. 上海：上海人民出版社，2011.

［46］张惠敏. 社会工作倡导在反家暴社会动员中的应用与创新［D］. 南京：南京大学，2015.

附录：2020 年全国社会工作者职业水平考试真题

附录 1：社会工作综合能力（初级）真题

一、单项选择题（共 60，每题 1 分。每题的备选项中，只有 1 个最符合题意）

1. 新冠肺炎疫情防控期间，社会工作界积极响应了党中央的号召，参与疫情防控工作，做出了重大贡献。习近平总书记 2020 年 2 月 23 日在统筹推进新冠肺炎疫情防控和经济社会发展工作部署会议上的讲话中指出："要发挥社会工作的专业优势，支持广大社工、义工和志愿者开展心理疏导、情绪支持、保障支持等服务。"下列最能反映社会工作专业优势的是（　　）。

A. 社会工作的专业化和职业化

B. 社会工作的本土化和行政化

C. 社会工作的专业理念和专业方法

D. 社会工作的问题意识和政策思路

2. 关于专业社会工作的说法，正确的是（　　）。

A. 专业人员在本职工作之外从事的服务性工作属于专业社会工作

B. 专业人员在公共卫生事件中提供的医疗服务属于专业社会工作

C. 专业社会工作包括在群众团体中从事的社会救助服务工作

D. 专业社会工作是由受过规范训练的人员开展的职业化活动

3. 社会工作者小王从优势视角出发，为困境儿童建立了以"发现我的闪光点，点燃我的小宇宙"为主题的小组，旨在增强困境儿童的内在动机，协助他们乐观地面对人生。小王的做法体现了社会工作在服务对象层面的目标是（　　）。

A. 解救危难

B. 增进社会团结

C. 激发潜能

D. 促进社会公正

4. 下列人员中，属于社会工作基本对象的是（　　）。

A. 面对巨额房贷压力的年轻公职人员

B. 需要接受督导的新入职社会工作者

C. 不熟悉电脑但需用网课教学的教师

D. 生活在商品房小区的独居高龄老人

5. 宋大爷常常带着收留的几只流浪狗在社区散步，踩踏草坪、不及时清理狗粪，引起居民不满。物业管理人员劝宋大爷将流浪狗送交相关部门处置，宋大爷不肯，双方争执不下。为此，社区居委会派社会工作者小夏处理此事。小夏的下列做法中，最能体现社会工作者直接服务角色的是（　　）。

A. 协助社区居民商讨并制定社区环境卫生公约

B. 组织社区志愿者成立劝导队，维护社区环境

C. 对接企业资源，在社区内设置宠物粪便收集箱

D. 调解宋大爷与物业管理人员及社区居民的关系

6. 受新冠肺炎疫情影响，某地有不少在民营企业就职的员工因担忧失业而产生较大压力，有些员工甚至出现了失眠的状况。下列社会工作者的专业服务中，能体现治疗者角色的是（　　）。

A. 为员工提供情绪舒缓服务

B. 协助员工提升其岗位技能

C. 联络其同事提供相关协助

D. 呼吁企业配备心理咨询员

7. 单亲妈妈张女士独自抚养女儿，因工作繁忙，平时顾不上女儿的学业。最近，女儿成绩下滑明显，张女士批评女儿学习不刻苦，女儿觉得十分委屈，抱怨母亲对自己关心不够，母女之间因此经常发生争吵。为此，张女士向社会工作者小刘求助。小刘一方面缓和母女之间的紧张关系，教导张女士亲子沟通的技巧；另一方面链接志愿服务资源，辅导张女士女儿的功课。小刘的服务领域主要是（　　）。

A. 医务社会工作

B. 学校社会工作

C. 家庭社会工作

D. 社区社会工作

8. 作为一个服务人、帮助人的职业从业者，社会工作者在服务过程中更加注重自我反思和换位思考，与服务对象进行良好的互动，交流想法，分享感受。上述做法最能体现的社会工作专业价值观是（　　）。

A. 践行社会公平与正义

B. 真诚地对待每一位服务对象

C. 强调服务对象个人尊严

D. 注重人与人之间关系的重要性

9. 关于社会工作专业价值观与伦理之间关系的说法，正确的是（　　）。

A. 价值观是一种偏好，伦理是对好坏、善恶的选择

B. 价值观关注实践的标准，伦理关注如何确定标准

C. 价值观与伦理紧密关联，二者实质上并没有差异

D. 伦理是操作层面的价值观，是实践中的行为守则

10. 社会工作者大李在机构值班时接到服务对象小杰的电话，交流中小杰多次流露出厌世轻生的念头，并请大李替他保密。根据社会工作伦理难题处理的一般顺序，大李首先应该做的是（　　）。

A. 辨析伦理困境并评估自身能力

B. 咨询督导的专业意见

C. 分析给机构带来的利益和风险

D. 尊重小杰的自我决定

11. 社会工作者小陶在与服务对象小范会谈时得知，其女友最近与他分手了，小范非常恼怒，准备用暴力伤害女友。基于对小范的了解，小陶认为事态严重，迅速将此事报告给督导，并联系相关单位进行干预，妥善处理了此事。根据社会工作伦理困境处理原则，小陶的做法遵循的是（　　）。

A. 隐私保密原则

B. 生命质量原则

C. 自由自主原则

D. 保护生命原则

12. 社会工作者小李和小张在邀请社区老年人担任“社区秋季运动会”志愿者

的问题上有不同意见。小李认为“老年人担任志愿者安全风险太大”，小张则认为“老年人担任志愿者有利于鼓舞人心”。一天，65 岁且身体硬朗的纪奶奶找到小李希望担任运动会志愿者。根据社会工作专业伦理责任，小李恰当的做法是（　　）。

A. 尊重纪奶奶的意愿，同意其担任志愿者并告知风险

B. 告知纪奶奶担任志愿者有安全风险，劝其放弃申请

C. 以个人原因为由，将纪奶奶转介给小张

D. 以名额已满为理由，婉拒纪奶奶的申请

13. 80 岁的王爷爷家庭条件不错，儿女也很孝顺。最近王爷爷老伴去世，他提出想去养老院住，儿女和亲戚都很不理解。王爷爷说：“我一个人在家，生病了没人照顾，万一哪一天摔倒了都没有人发现，去养老院住我更安心。”根据马斯洛的需要层次理论，王爷爷的说法反映其当前最迫切的需要是（　　）。

A. 生理的需要

B. 安全的需要

C. 归属的需要

D. 尊重的需要

14. 初中一年级学生明明是单亲家庭的孩子，与母亲一起生活，母亲对其生活关怀备至，对其学习要求严格。老师反映明明虽成绩优异，但平常与同学很少沟通，对同学较为冷漠。明明的家庭教养模式为（　　）。

A. 支配型

B. 专制型

C. 放任型

D. 冲突型

15. 社会工作者在社区组织开展“志愿小明星”活动，让社区里的青少年自愿报名组成志愿服务队。经过几次活动后，青少年的参与积极性越来越高，彼此之间的关系也越来越亲密。这一过程主要体现了同辈群体的（　　）。

A. 平等性

B. 开放性

C. 认同性

D. 独特性

16. 小李从部队退役后到某物业管理公司工作。为了尽快适应新的工作岗位，小李认真阅读该公司近五年来的资料，积极参加公司组织的培训，周末他还到驻点

服务的小区走访，了解居民的具体需求。工作一年下来，小李得到公司领导和居民的一致好评，还被评为“年度优秀员工”。从社会环境对人类行为影响的角度看小李的做法，说明（　　）。

A. 部队环境让小李有强烈的归属感

B. 部队经历使得小李能够胜任工作

C. 工作岗位促使小李加强学习实践

D. 小李的主观努力改变着外部环境

17. 初中二年级学生小宁个子较小，近几个月来他经常被学校几名高年级同学打骂或拦住要钱。为了寻求保护，他加入了一个“哥们儿”小团体，也开始欺负他人，并从这个过程中获得满足。针对小宁的情况，社会工作者从个体层面应开展的工作是（　　）。

A. 纠正攻击行为，培养社交技能

B. 强化家校联络，及时实施干预

C. 加强校园监控，保护学生安全

D. 改善亲子关系，纠正教养方式

18. 初中三年级男生小亮手部皮疹严重，医生诊断为重度神经性皮炎，可能由心理紧张引起。医生在完成医疗处置后，将小亮转介给医务社会工作者小黄。小黄评估后，决定运用心理社会治疗模式提供服务。他先与小亮妈妈进行交流，分享了自己帮助女儿缓解压力的心得。此时，小黄采用的治疗技巧是（　　）。

A. 直接治疗技巧之非反思性技巧

B. 直接治疗技巧之反思性技巧

C. 间接治疗技巧之直接影响技巧

D. 间接治疗技巧之维持性技巧

19. 小芸失恋后，整日以泪洗面，闭门不出，一天，她服用了大量安眠药企图自杀，幸好被朋友及时发现，送到医院抢救才挽回生命。医务社会工作者小赵了解情况后到病房陪伴小芸，协助她渡过难关。从危机介入的角度看，小赵除了需要迅速了解小芸的主要问题外，更重要的工作是（　　）。

A. 危险性评估

B. 安抚悲伤情绪

C. 联系其家人

D. 转介心理咨询

20. 小李读初中时父母因家庭矛盾离异，母亲搬离后再无消息，父亲再婚，他一直跟爷爷奶奶生活在一起。青少年时期的特殊经历令小李一直振作不起来，频繁更换工作，收入不稳定。经社区居委会介绍，社会工作者小王主动联系了小李。为了建立专业关系，小王首先要做的是（　　）。

A. 专注倾听小李的困扰

B. 明确小李问题的表现

C. 阐明小李的权利责任

D. 确认小李的受助身份

21. 社区社会工作者老齐在走访社区高龄老人时，发现 85 岁的秦爷爷有一个 22 岁的孙子小兵赋闲在家。秦爷爷悄悄告诉老齐，小兵游手好闲，还抽烟吸毒，家人都拿他没办法，请老齐帮助小兵。与小兵耐心细致地沟通交流后，老齐证实了秦爷爷的说法。针对上述情况，老齐恰当的做法是（　　）。

A. 评估小兵问题的严重性

B. 告诉秦爷爷自己解决此问题

C. 为小兵拟订服务计划

D. 转介小兵给禁毒社会工作者

22. 某社会工作服务机构负责人金老师接到社区工作者打来的求助电话，称 14 岁少年佳佳最近经常逃学，在社区游荡。金老师让实习社会工作者小戴利用他自己也是年轻人的优势与佳佳聊聊，收集相关资料，并完成问题预估。小戴从纵向角度进行预估分析的内容是（　　）。

A. 佳佳的社交状况

B. 佳佳的就学历程

C. 佳佳的学业表现

D. 佳佳的家庭状况

23. 王先生 40 岁，未婚，年幼时父母离异并各自重组家庭。最近，王先生身体不适，去医院检查后被诊断患有胃癌，需要手术治疗。他备受打击，心情烦闷。社会工作者介入后，为了帮助王先生应对这一变故，引导他说出了自己的成长过程及压力感受、与家人的关系以及对未来的期望。上述服务过程中，社会工作者运用的收集资料的方法是（　　）。

A. 结构访谈

B. 自我陈述

C. 评估调查

D. 直接观察

24. 李奶奶与儿子吵了一架，觉得很伤心，向社会工作者小吴诉苦。小吴握着李奶奶的手说：“李奶奶，这里没有其他人，您放心，有什么都可以跟我说，我们一起来想办法。”此时，小吴运用的会谈技巧是（　　）。

A. 专注

B. 倾听

C. 鼓励

D. 同理心

25. 社会工作者小王在与服务对象的面谈中说：“从谈话中感受到你非常想出去工作，但又整天宅在家里打游戏，不为找工作做任何准备。你的想法和行动是不是不太一样啊？你是怎么看的呢？”小王运用的专业技巧是（　　）。

A. 澄清

B. 对焦

C. 对质

D. 摘要

26. 社会工作者小李为医院鼻咽癌患者成立主题为“乐活人生”的小组。在小组中，小李邀请病友分享自己生病前后的经历和感悟，鼓励大家重拾信心，以乐观态度积极面对疾病。从小组目标的角度看，该小组类型最有可能是（　　）。

A. 支持小组

B. 成长小组

C. 治疗小组

D. 教育小组

27. 社会工作者小胡为社区内的退役军人成立了“勇往直前”职业规划小组，旨在协助组员提升信心，适应角色变化并融入社会。在小组中，小胡带领组员分析了退役后自身的优势、劣势、机会和风险，激发组员的主观能动性，鼓励相互支持，规划事业发展方向。依据小组工作模式，该小组最有可能采用的是（　　）。

A. 互动模式

B. 治疗模式

C. 发展模式

D. 社会目标模式

28. 社会工作者小顾在某养老机构成立了“朝花夕拾”高龄老人支持小组，下列场景中，可能出现在小组转折阶段的是（　　）。

A. 个别组员不愿结束小组活动，反映自己的问题没有解决，希望增加一次小组活动

B. 小顾与组员约定两个月之后举行“银龄聚会”，承诺自己会持续跟进服务

C. 组员行为拘谨、沉默被动，小顾运用“击鼓传花”游戏让组员进行自我介绍

D. 个别组员在“往事回顾”环节发生争执，小顾带领组员重温并调整小组契约

29. 在一次小组服务中，社会工作者对组员说：“为了确保每次小组服务都能顺利进行，接下来，请大家在贴纸上写下你认为在小组中应遵守的规则，写好后贴在白板上。”社会工作者的这段话最有可能出现在小组工作的（　　）。

A. 准备阶段

B. 开始阶段

C. 中期转折阶段

D. 后期成熟阶段

30. 在“粉红丝带”乳腺癌病友小组的最后一项活动中，有组员表示定期参加小组活动已成为生活中重要的组成部分，以后没有这个小组了，自己会很失落，其他组员也纷纷表示不愿解散小组。在这一阶段，社会工作者可以采取的措施是（　　）。

A. 开展“医患面对面”活动，请医生分享康复期用药、运动等知识

B. 开展“你与我同心”活动，邀请已康复的患者分享战胜疾病的经验

C. 开展“破茧成蝶”活动，邀请组员分享对未来生活的信心和希望

D. 开展“我与乳腺癌的故事”活动，邀请组员分享疾病带来的影响

31. 下列小组工作记录方法中，属于摘要式记录的是（　　）。

A. 使用录音录像等手段记录组员表现

B. 叙事性地将小组活动过程记录下来

C. 围绕小组关注的焦点问题进行记录

D. 记录小组过程中已发生的重要事件

32. 社会工作者小于为大学新生成立了大学生活适应小组。在小组中，小于设计了“说出我的故事”分享环节，但多数组员沉默不语。为此，小于运用适当自我

表露技巧来与组员建立信任关系，促进组员表达。小于的下列表述中，体现出运用该技巧的是（　　）

A.“刚才有组员提到第一次离开父母可能不太适应，其他人有这样的感觉吗?”

B. “我刚进大学时也曾有一段时间不适应，饮食不习惯，也不太喜欢我的专业。”

C.“小李第一个发言，分享了他与宿舍同学相处的问题，让我们送给他一些掌声。”

D.“经过刚才的讨论，我们知道大家在生活、学习等方面都存在适应问题。”

33. 暑假期间，某青少年社会工作服务机构为低收入家庭子女成立了多个平行历奇辅导小组。社会工作者对每个小组都进行了评估，目的是洞察组员在小组中的成长变化，反思社会工作者在历奇辅导中的表现和技巧。这种小组评估类型是（　　）。

A. 内容评估

B. 过程评估

C. 成效评估

D. 需求评估

34. 社会工作者小王通过调查发现，居民对社区认同感不强的主要原因是大多数居民搬入时间不长，对社区还不太了解。于是，小王希望通过一系列服务，帮助居民了解社区，其恰当的做法是（　　）。

A. 发放手绘地图，告知社区资源分布

B. 根据居民需要，开展社区大型活动

C. 整合社区资源，开展互帮互助服务

D. 建立居民小组，改善社区动力系统

35. 某“村改居”社区存在电动自行车失窃、入室偷盗等问题。该社区居委会的社会工作团队经过多次研讨，决定采用社会策划模式开展工作。针对这一治安问题，从社会策划模式的实施策略角度看，该团队首次开展工作时最先应该做的是（　　）。

A. 评估社区居委会组织的优点和不足

B. 了解受到治安问题影响的居民人数

C. 预估上级政府能够提供的财政支持

D. 澄清社区居委会的工作目标与责任

36. 某社会工作服务机构租用小区门面房作为活动场所，希望协助大龄自闭症患者锻炼日常生活技能，适应社会生活的最基本要求。社区居民得知消息后，担心自闭症患者在小区附近出入，会给居民尤其是儿童带来安全隐患，因而不愿意让该机构进驻。面对这种情况，该机构应该采取的策略是（　　）。

A. 建立社区紧急支援网络系统

B. 开展社区倡导并强调社区责任

C. 动员社区居民参与机构志愿服务

D. 承诺对服务对象进行封闭式管理

37. 社区社会工作者小杨针对“宠物狗随地大小便”问题召开社区居民会议，引导居民对该问题的大小和严重程度进行讨论。从社区分析的角度看，小杨的做法属于（　　）。

A. 探寻问题起源

B. 界定问题

C. 明确问题范围

D. 描述问题

38. 关于社区工作的过程目标和任务目标的说法，正确的是（　　）。

A. 过程目标旨在解决社区具体的问题

B. 任务目标旨在提升社区居民的能力

C. 地区发展模式不需要达成过程目标

D. 社会策划模式注重任务目标的实现

39. 社会工作者小吴在主持居民会议时，发现部分发言者所表达的意见与建议模糊，不够完整。为了帮助大家清楚了解发言者所表达的意思，小吴用自己的话概括了大家发言的主要观点。小吴运用的会议技巧是（　　）。

A. 转述

B. 引导

C. 关注

D. 鼓励

40. 某社会工作服务机构动员社区高中生和大学生组成“同心协力”暑期志愿服务队，通过“一对一”结对方式，帮助社区贫困家庭中学习有困难的儿童掌握学习方法，提高学习兴趣。项目结束后，该机构对项目进行了总结评估。下列内容中，属于成果评估的是（　　）。

A. 志愿者资源配置合理度

B. 工作进度安排

C. 困难儿童改变程度

D. 资金投入产出效益

41. 某老旧小区停车难问题存在已久，居民之间因抢占停车位时有冲突，某社会工作服务机构协助社区居委会做停车管理项目。社会工作者在该项目策划过程中应优先考虑的目标是（　　）。

A. 协助居民策划解决停车难问题的行动方案

B. 为居民提供表达意见的机会

C. 提高居民的关注度

D. 促进居民认识

42. 社会工作者小董运用“问题认识工作表”，了解和评估养老机构内老年人的主要问题，以便策划服务方案。根据系统观点，小董的工作属于社会服务方案策划的（　　）。

A. 输入

B. 过程

C. 输出

D. 效果

43. 某社会工作服务机构在区、街道、社区三个层面开展服务，并在各层面设立服务管理团队。为适应业务发展需要，该机构决定整合不同层面的研发团队，组建机构发展研究中心。该中心定期向机构理事会提交研究报告，为机构决策提供参考依据。该机构的组织结构类型属于（　　）。

A. 直线式

B. 事业部制

C. 职能式

D. 直线参谋式

44. 随着志愿者参与机构服务类型与方式的多样化，社会工作服务机构应更好地规范志愿者的责任和权利。从志愿者管理的“工作发展与设计”角度出发，机构应完成的工作是（　　）。

A. 制订志愿者服务动机评估方案

B. 编写志愿者服务岗位说明书

C. 规范志愿服务档案建设

D. 完善志愿者表彰办法

45. 某社会工作服务机构通过参加公益创投，从本地民政局获得 50 万元资金支持，用于为社区独居老人提供服务。依据社会服务机构筹资方法分类，该机构获得资金的方式属于（　　）。

A. 政府购买服务

B. 以奖代补

C. 特别事件筹资

D. 社会捐助

46. 为了缓解社区工作者的压力，提高社区疫情防控能力，某区民政局建立了面向全区社区工作者的“疫情防控我有力”的微信交流群，并邀请资深社会工作者入群督导，为遇到问题并寻求帮助的社区工作者提供支持，该督导类型属于（　　）。

A. 师徒式督导

B. 训练式督导

C. 管理式督导

D. 咨询式督导

47. 新入职的社会工作者小邱为丧偶的李奶奶提供个案服务。近期，李奶奶得知女儿生重病的消息，原本已平复的情绪再次跌入低谷，这让小邱非常沮丧。此时，小邱的督导者首先应该关注的是（　　）。

A. 小邱的负面情绪如何调适

B. 自己的督导工作是否有效

C. 小邱的工作量是否需要调整

D. 李奶奶女儿的病情是否严重

48. 关于定量研究的说法，正确的是（　　）。

A. 定量研究的研究者被研究对象视为自己人

B. 定量研究一般运用标准化的方法收集资料

C. 定量研究的内容可以根据情况灵活变化

D. 定量研究主要以建构主义为方法论基础

49. 某调查问卷的封面信写着：“本调查采用不记名方式。”上述内容旨在说明（　　）。

A. 保密原则

B. 问题填答方式

C. 研究内容

D. 对象选择方法

50. 根据问卷设计中问题的排序原则，下列问题正确的排序是（　　）。

（1）您觉得精准救助服务的效果如何？

①非常好；②比较好；③一般；④比较差；⑤非常差。

（2）您第一次领取最低生活保障金的时间：　　年　　月。

（3）您的受教育程度？

①初中及以下；②高中/中专/技校/同等学历；③大专及以上。

A.（1）（2）（3）

B.（3）（1）（2）

C.（3）（2）（1）

D.（1）（3）（2）

51. 线上调查是目前常见的调查方式之一。社会工作者小林借助该方式开展服务对象的需求调查，利用网络进行问卷分发、回收和数据统计，并将数据统计结果作为服务设计的依据。关于小林此次调查的说法，正确的是（　　）。

A. 该方式可涉及较复杂的调查问题

B. 该方式采用的问题题型比较简单

C. 该方式可用来调查儿童服务需求

D. 该方式可保证调查结果的准确性

52. 社会工作者小陈对新获取的访谈资料进行分类、归纳，将访谈资料系统化，并进行编码。小陈的工作所处的研究阶段是（　　）。

A. 记录资料

B. 整理资料

C. 收集资料

D. 研究总结

53. 根据《中华人民共和国老年人权益保障法》，国家建立和完善以（　　）为基础的社会养老服务体系。

A. 居家

B. 社区

C. 街镇

D. 机构

54. 根据《中华人民共和国妇女权益保障法》，父亲死亡、丧失行为能力或有其他情形不能担任未成年子女的监护人的，母亲的监护权任何人不得干涉。这是对妇女（　　）的保障条款之一。

A. 人身权

B. 财产权

C. 政治权

D. 婚姻家庭权

55. 根据《中华人民共和国劳动法》和《女职工劳动保护特别规定》，对怀孕（　　）个月以上的女职工，用人单位不得延长劳动时间或安排夜班劳动。

A. 4

B. 5

C. 6

D. 7

56. 根据《中华人民共和国反家庭暴力法》，家庭暴力受害人因遭受家庭暴力或面临家庭暴力的现实危险，可以向人民法院申请（　　）。

A. 人身伤害禁止令

B. 人身安全保护令

C. 人身接触限制令

D. 家庭暴力告诫令

57. 根据《中华人民共和国收养法》，配偶一方死亡，另一方送养未成年子女的，（　　）具有优先抚养的权利。

A. 在世一方的父母

B. 死亡一方的父母

C. 在世一方的兄弟姐妹

D. 死亡一方的兄弟姐妹

58. 根据《最低生活保障审核审批办法（试行）》，家庭收入是指共同生活的家庭成员在规定期限内的全部（　　）收入。

A. 工资

B. 财产

C. 可支配

D. 动产和不动产收益

59. 小强，8 岁，有认知障碍，与母亲外出时走失，在甲市流浪乞讨，后被民警小赵发现。根据《社会救助暂行办法》，小赵应当采取的措施是（　　）。

A. 通知当地教育部门予以救助

B. 护送小强到当地救助管理机构

C. 告知小强向当地救助管理机构求助

D. 通知当地交通部门为其购买回家车票

60. 根据《关于建立完善国家司法救助制度的意见（试行）》，各地制定司法救助具体标准应以案件管辖地上一年度（　　）为基准。

A. 最低生活保障线

B. 最低工资标准

C. 城镇居民人均可支配收入

D. 职工月平均工资

二、多项选择题（共 20 题，每题 2 分。每题的备选项中，有 2 个或 2 个以上符合题意，至少有一个错项。错选，本题不得分；少选，所选的每项得 0.5 分）

61. 社会工作者小刘为社区残障老年人配备轮椅，联系轮椅厂家入户调试和指导使用，组织社区志愿者定期上门了解情况并提供服务。上述小刘的做法，涉及的社会工作领域包括（　　）。

A. 残疾人社会工作

B. 医务社会工作

C. 社区社会工作

D. 矫正社会工作

E. 老年社会工作

62. 服务对象张爷爷是一位癌症晚期患者，医院下达病危通知书后，他希望回家养病，但家属不同意。为此，社会工作者小陆邀请张爷爷召开了家庭会议，最终满足了老人的心愿，不久，张爷爷在家中安详离世。小陆的做法体现的社会工作价值观有（　　）。

A. 回应需要

B. 个别化

C. 最小伤害

D. 接纳和尊重

E. 维护社会正义

63. 赵奶奶入住某养老机构一个月来，总是闷闷不乐。社会工作者老余在与她面谈中得知，一年前赵奶奶和老伴外出旅游时，老伴意外猝死在酒店房间。此后，每当看到房间里的空床，赵奶奶就会触景生情。她请老余保守这个秘密，并希望能搬走空床。下列老余的做法中，符合社会工作伦理守则的有（　　）。

A. 向督导者咨询，共同分析商讨合理解决方案

B. 严格履行养老机构的入住协议，不搬走空床

C. 为赵奶奶保守秘密，与机构协商把空床搬走

D. 向机构同事说明此事，讨论搬走空床的利弊

E. 帮助赵奶奶纾解情绪，适应机构的生活环境

64. 关于学龄前儿童攻击行为的说法，正确的有（　　）。

A. 男孩子的攻击行为一般比女孩子多

B. 生理特征对攻击行为有一定的影响

C. 攻击行为常在 3~6 岁出现第一个高峰

D. 攻击行为方式分为暴力攻击和语言攻击

E. 攻击行为常表现为打人、骂人、抢东西

65. 阿美 35 岁时经人介绍嫁给了同龄的丈夫，婚后四年生下女儿妞妞，但她的丈夫一直想要儿子传宗接代，对妻女漠不关心。阿美身体不好，便辞职在家专心照顾孩子，全家生活来源都依靠丈夫的工资。女儿出生半年以来，丈夫常常愁眉不展，尤其是半夜听到妞妞的哭闹声，就会大发雷霆摔东西，并对阿美破口大骂。看着弱小的女儿，阿美整日担惊受怕，情绪也很不稳定，感到非常无助。根据中年阶段的主要特征，阿美面临的主要问题有（　　）。

A. 因孩子营养不良产生愧疚感

B. 丈夫出现的更年期综合征

C. 家庭负担重及身心压力增大

D. 来自丈夫的家庭暴力行为

E. 焦虑抑郁不安等情绪的困扰

66. 40 岁的精神分裂症康复者梁女士告诉社会工作者小宋，丈夫跟她基本没话说，女儿上大学后很少回家，自己又是外地人，在这里也没有什么亲戚朋友。小宋在帮助梁女士的过程中，安排她学习夫妻沟通技巧，并指导其丈夫督促她按时服药；联络社区精神卫生服务站，鼓励梁女士参加社区活动。小宋在该个案服务中扮

演的专业角色有（　　）。

A. 治疗者

B. 联系人

C. 教育者

D. 管理者

E. 使能者

67. 大学毕业生小云长得漂亮，身材高挑，刚入职就被已婚的部门领导表白。之后的两年该领导不断骚扰她，甚至在单位的公开场合也不避讳。这让小云非常烦恼，同事的议论更让她羞愧难当，为此她向社会工作者小汪求助。在与小云的会谈中，小汪运用了影响性技巧。下列回应中，属于该技巧的有（　　）。

A. “听了您刚才的话，我的理解是，您对领导的行为一直比较隐忍，是吗？”

B. “从法律上来讲，您领导的行为违反了《中华人民共和国妇女权益保障法》。”

C. “您可以礼貌拒绝或告知他自己已有男友，让他知难而退。”

D. “如果您一直隐忍他，他可能会做出更加出格的事情。”

E. “遇上这样的人，而且还是自己的领导，真令人烦恼。”

68. 住在某养老院的张奶奶因遗嘱中的财产分配不均与子女发生矛盾。为此她向院内社会工作者小赵求助。在“申请与接案”阶段，小赵适宜的做法有（　　）。

A. 深入评估张奶奶的问题

B. 与张奶奶建立专业关系

C. 收集张奶奶的有关资料

D. 让张奶奶了解养老院职责范围

E. 明确张奶奶的服务期待和要求

69. 社会工作者小赵设计了“爱的沟通”亲子平行小组。在第四小组中，小赵设计了“今天我是你：亲子换位角色扮演”“我想对你说：亲子沟通零距离”“家庭辩论赛：良好的亲子关系关键在于谁？”“齐心议对策：专家指导共建良好的亲子沟通模式”等环节，邀请家长和子女共同参与。上述小组活动的设计，主要体现了互动模式中的（　　）。

A. 开放性原则

B. 平等性原则

C. “面对面”原则

D. 建构性原则

E.“使能者”原则

70. 医务社会工作者小汪为社会工作专业实习生设立了病房探访技巧提升小组，在经验分享环节，实习生小黄滔滔不绝地讲述自己的病房探访技巧，导致其他组员无法发表自己的观点。此时，小汪运用限制性技巧进行回应。下列表述中，采用该技巧的有（　　）。

A.“小黄，谢谢你刚才分享了很多实用的探访技巧，现在我们是不是听听其他组员的想法呢?”

B.“接下来的时间不多，给大家一个挑战，每人只分享一个技巧，而且尽量是其他人没有分享过的。”

C.“小黄，你是否可以分享一下，为什么你会在病房探访中用到这些技巧呢?”

D.“我在病房探访中也遇到过这样的情况，当时我用了同理心、倾听的技巧。”

E.“在经验分享环节，请大家真诚地分享自己的观点，并认真聆听其他人的分享。”

71. 社会工作者小田计划设立一个乳腺癌病友支持小组，旨在为初次手术存在紧张和忧虑情绪的乳腺癌病友提供支持。小田通过多种渠道招募小组成员，下列对象中，符合该小组组员筛选条件的有（　　）。

A. 甲，无法接受乳腺癌复发及二次手术后对身体形象的再次损伤，情绪低落

B. 乙，新确诊为乳腺癌且完成手术，但她不能接受身体残缺事实，经常流泪，情绪稳定

C. 丙，三年前患食管癌，此次肿瘤转移，确诊为乳腺癌且完成手术

D. 丁，新确诊为卵巢癌且完成手术，担心肿瘤复发，经病友推荐，报名参加小组

E. 戊，新确诊为乳腺癌且完成手术，但不放心，看到招募海报，报名参加小组

72. 某社会工作服务机构运用社区工作方法解决社区问题、满足社区需求。在“进入社区”阶段，社会工作者的工作重点有（　　）。

A. 了解所在机构与社区的关系

B. 了解自己的工作内容及权限

C. 发现、链接和维系社区资源

D. 让社区中的居民、团体和组织认识自己

E. 围绕工作目标制订周密完备的工作计划

73. 建立和发展社区组织是社区工作过程中相当重要的一个环节。社区组织成立后，管理社区组织变得十分重要。“研究与发展”是管理社区组织需要着重关注的内容之一。具体而言，“研究与发展”主要包括（　　）。

A. 适应和引领组织变迁

B. 开发新的服务方案

C. 规划组织长期策略

D. 评估服务方案

E. 评估社区组织

74. 社会工作者小吴正在主持主题为“文明公约从我做起”的社区居民会议，最初大家都不愿意发言，小吴采取提问的方法鼓励大家自由发言。第一位发言者王阿姨讲完后，为了让她感到自己的发言受到重视，同时也激励更多居民发言，小吴适宜的回应有（　　）。

A.“您讲得真好。”

B.“您的意见很重要。”

C.“您所说的对我有很大启发。”

D.“您还有其他需要补充的吗？”

E.“您的提醒很好，我还真没注意这一点。”

75. 社区社会工作者小钱策划了“从心出发，关爱有我”失智老人照顾者支持服务方案。在决定服务目标的优先次序时，小钱需要考虑的因素有（　　）。

A. 失智老人照顾者的特点

B. 机构可投入的资源配置

C. 理想的可行性服务方案

D. 问题的紧迫程度及影响

E. 失智老人的社区服务需求

76. 社会工作者老王负责社区困境儿童关怀服务项目。在项目结束阶段，老王应该完成的工作有（　　）。

A. 将困境儿童监护人纳入服务对象范畴

B. 完成每一位困境儿童的服务档案建设

C. 调整项目经费预算，合理控制支出

D. 反思项目执行过程对困境儿童产生的影响

E. 培训项目工作人员推演整个工作的流程

77. 关于定量研究与定性研究特点的说法，正确的有（　　）。

A. 定量研究与定性研究是对立的两种研究方法

B. 定量研究与定性研究可以用于同一研究主题

C. 定量研究与定性研究依据的方法论基础不同

D. 定量研究与定性研究的研究假设是需要根据理论事先设定的

E. 定量研究与定性研究的研究内容可以根据具体情况灵活变化

78. 社会工作者小李选取某社区作为个案，分析社区治理的特征、机制、模式等内容。关于这项研究的说法，正确的有（　　）。

A. 该研究的资料可以是某社区治理的新闻报道

B. 该研究可以尝试建构本土化的社区治理理论

C. 该研究的资料收集处理相对容易并便于比较分析

D. 该研究可以梳理某社区的发展历史及其治理特点

E. 某社区的社区治理模式可以复制推广到其他社区

79. 小田负责处理在校大学生教育救助申请。根据《社会救助暂行办法》，小田可以建议学校采取的方法有（　　）。

A. 减免相关费用

B. 发放助学金

C. 给生活补助

D. 勤工俭学

E. 开办专门的补习班

80. 根据《工伤保险条例》，下列人员中，应当认定为工伤或视同工伤的有（　　）。

A. 韩某，在醉酒后操作生产设备失误受伤

B. 王某，在车间生产线工作时被脱落的顶棚砸伤

C. 李某，步行下班途中被一个酒醉司机驾车撞伤

D. 张某，新冠肺炎疫情期间赴外地支援抗疫被感染

E. 周某，上班期间在办公室突发疾病，在医院抢救 72 小时后死亡

附录 2：社会工作实务（初级）真题

一、单项选择题（共 60 题，每题 1 分。每题的备选项中，只有 1 个最符合题意）

1. 社会工作者小李接待了前来求助的王女士母子。王女士告诉小李，儿子小强沉迷网络游戏，不爱学习，父母说他，他也不听，还与父母顶撞。王女士希望小李能帮助她教育小强。小李在确认小强有接受服务的意愿后，与王女士母子签订了初步服务协议。小李的上述做法属于社会工作过程中的（　　）。

A. 接触

B. 接案

C. 预估

D. 会谈

2. 在一次督导会上，社会工作者小李和小刘对是否需要继续为外来务工青年大明提供服务产生了分歧。小李认为大明已经返回原籍，个案就结案了。小刘则建议联络大明户籍所在地的社会工作服务机构，由他们继续为大明服务，以巩固大明改变的信心和取得的成果。小刘上述建议依据的是对结案阶段（　　）的要求。

A. 转介服务

B. 跟进服务

C. 时机选择

D. 情绪处理

3. 自独生女儿过世后，张女士与丈夫的关系变得越来越冷淡，丈夫逐渐染上了酗酒恶习，对家里的事不闻不问，还多次动手打张女士。无奈之下，张女士向社会工作者求助。为了帮助张女士界定其夫妻间存在的问题，下列社会工作者的提问中，最适宜的是（　　）。

A. “你希望我们提供什么帮助？”

B. “你认为自己目前遭遇的问题是什么？”

C. “你认为丈夫染上酗酒恶习的原因是什么？”

D. “你认为你们夫妻关系恶化的原因是什么？”

4. 自孩子上初中后，李女士与丈夫经常因是否接送孩子上下学发生冲突。李女士认为，孩子从小体质较弱，比较敏感，即使已上初中，为安全起见还是应该接送，但丈夫不以为然，还以工作忙为由将接送孩子的事甩给了李女士。李女士对丈夫的行为很不解，怀疑丈夫有了“外心”，非常苦恼、困惑，遂求助社会工作者小齐。为了识别李女士问题产生的主观因素，小齐应了解（　　）。

A. 丈夫对夫妻问题的看法

B. 李女士为处理夫妻问题所做的努力

C. 李女士对夫妻问题的看法

D. 丈夫为处理夫妻问题所做的努力

5. 新冠肺炎疫情防控期间，小明在家上网课，面对电脑时注意力不集中，学习效果不理想。小明父母向社会工作者小黄求助。小黄与小明建立了微信联系，采用行为治疗方法帮助小明解决困难。经过多次线上视频会谈，小明学习注意力不集中的问题有了明显改善，服务进入结案阶段。为了强化小明已有的改变成效，下列社会工作者的做法中，最适宜的是（　　）。

A. 协助小明分析害怕上学的原因

B. 帮助小明处理结案时的离别情绪

C. 帮助小明回顾会谈过程中的成长

D. 鼓励小明把会谈学到的知识用于生活中

6.“健康中国”战略强调对人民健康进行全方位全生命周期呵护。身高是学龄前儿童生长发育的重要指标之一。有些家长因为孩子身高暂时未达标，就四处打听增高方法，购买增高用品。社会工作者针对这一情况在社区中开展儿童健康知识讲座，让家长知道儿童生长发育有早有晚。上述知识说明了儿童生长发育具有（　　）。

A. 顺序性

B. 个体差异性

C. 不均衡性

D. 分化与互补性

7. 为了促进儿童健康成长，社会工作者不仅定期走访了解本社区婴幼儿家庭的环境安全问题，还联络妇幼保健院的医生为婴幼儿家庭提供母乳喂养、幼儿早教等科学知识讲座。社会工作者的上述工作属于儿童社会工作中的（　　）服务。

A. 提供儿童救助

B. 促进儿童社会化

C. 提供家庭支持

D. 促进儿童身心健康

8. 某社会工作服务机构在社区招募中小学生夏令营营员。租住在本社区的外来务工人员老张觉得这是一个让孩子增长见识、提升能力的好机会，想给儿子乐乐报名，但他又担心孩子不是本地户籍，可能没有资格参加，在报名处徘徊犹豫。社会工作者小杜主动向老张询问了解情况，并协助老张完成报名，乐乐成为夏令营营员。小杜的做法体现了儿童社会工作中的（　　）原则。

A. 平等参与

B. 家庭系统

C. 最小伤害

D. 儿童优先

9. 小兰今年 12 岁，父母常年在外务工，与爷爷奶奶生活。小兰最近变得沉默寡言，课间休息时常一个人在角落里发呆，学习成绩下滑，衣服也脏兮兮的。老师发现小兰这些变化后，请学校社会工作者小王一起为小兰提供帮助。小王拟运用以家庭为中心的方法对小兰家庭的监护能力进行监测和评估，他应该评估（　　）。

A. 小兰家的住房状况

B. 小兰家使用社区资源的状况

C. 小兰父母的年收入情况

D. 小兰与父母的沟通交流情况

10. 社会工作者小燕在社区开展“0~3 岁婴幼儿父母亲职教育”服务项目，在对朵朵家进行家访时，9 个月大的朵朵见到小燕就大哭。朵朵妈妈告诉小燕，朵朵面对陌生人或进入陌生的环境就会哭闹。小燕从积极人格培养的角度，建议朵朵妈妈对朵朵进行信任人格的培养。下列小燕给朵朵妈妈的建议中最适宜的是（　　）。

A. 让她想跟谁玩就跟谁玩

B. 尽可能多带她到陌生的地方

C. 尽可能多留出时间陪伴她

D. 尽可能多带她到人多的地方

11. 社会工作者小李发现，初一学生小兵很少主动与同学交流。小兵告诉小李，他也想跟大家一起学习，一起活动，但觉得自己作业做得慢，成绩不好，拖了全班后腿，同学们一定不愿意跟自己玩，因而感到自卑，与同学关系日益疏远。同学们则认为小兵性格孤僻，不愿与他交往。久而久之，小兵出现了逃学行为。小兵的上述状况说明了青少年个体发展具有（　　）的特点。

A. 动荡与稳定结合

B. 主体与客体互动

C. 实变与渐变统一

D. 理想与现实冲突

12. 社会工作者小文在某地看守所为涉罪青少年开展以“守望阳光”为主题的小组工作，旨在引导涉罪青少年改变非理性信念，促进司法系统与社会工作专业的合作，共同为青少年提供服务。小文邀请看守所管教人员参与到该小组方案设计、组员招募、方案实施等环节中，使看守所管教人员成为服务涉罪青少年社会工作的重要合作伙伴。小文开展上述工作的依据是（　　）。

A. 社会工作方法运用的整合性要求

B. 社会价值体系

C. 社会工作者宏观专业能力要求

D. 社会连接理论

13. 为了增强青少年道德教育的有效性，某青少年社会工作服务机构引导青少年践行“新时代文明实践”的理念，创新青少年思想教育工作，组织青少年在社区开展各类志愿服务，如做博物馆的志愿讲解员、参加环保实践活动、管理流动儿童家庭图书馆、陪伴社区困境儿童学习、参与社区助老服务等。上述服务体现了青少年道德教育具有的（　　）特征。

A. 教育与引导

B. 监督与管理

C. 保障与控制

D. 实践与体验

14. 初中一年级学生小坚是社会工作者小李的服务对象。小李发现小坚虽然上课爱说话，课下喜欢追逐打闹，成绩也不好，但并非像老师说的那样“没法管”。小李尝试运用青少年社会工作强调的尊重青少年的独特性与差异性、照顾青少年独特需要等理念开展服务。在小坚因成绩不好而被同学排斥时，小李会询问：“你最擅长的事情是什么?”小李上述做法体现了青少年社会工作的（　　）原则。

A. 发展性

B. 整体性

C. 主体性

D. 平等参与

15. 社会工作者小韩在对涉罪青少年小赵的矫正帮教工作中发现，小赵父母在家庭会谈中常责备小赵，不听小赵解释，家庭关系紧张。为此，小韩在之后的家庭会谈中专门设计了与小赵直接沟通的环节，让小赵父母观察她如何用心体会小赵的真实想法，接纳小赵内心的感受，并在言语和行为上给予及时回应。小韩上述做法旨在帮助小赵父母学习（　　）的沟通技巧。

A. 积极倾听

B. 主动引导

C. 问题聚焦

D. 现实反映

16. 李姐是某老年服务中心的社会工作者，她觉得新入住中心的半失能老人张奶奶与自己过世的母亲在长相和性格上都有几分相像，又是同乡，因此对张奶奶格外关照，什么事情都主动替张奶奶做。这种情形属于社会工作者在服务过程中产生的（　　）问题。

A. 移情

B. 工作倦怠

C. 反移情

D. 过度保护

17. 某社区开展"新时代文明实践"活动，招募在"社区烹饪大赛"中评选出的老年烹饪能手当志愿者，参加"老年助餐"志愿服务，不仅解决了该社区的老年人吃饭难问题，还发挥了老年烹饪能手的一技之长。上述做法体现了老年社区社会工作（　　）的原则。

A. 权益保护

B. 资源整合

C. 健康维护

D. 多方参与

18. 为了提升社区老年人的获得感和幸福感，某养老服务机构运用"互联网+"技术打造了"一站式"服务平台，为社区老年人提供"助浴""助餐""助医""精神慰藉"等服务。社会工作者小蔡运用这一平台，通过链接卫生服务中心、送餐服务机构和相关志愿服务组织，为社区高龄独居老人李奶奶提供服务。小蔡在此服务过程中扮演的角色是（　　）。

A. 个案管理者

B. 产品经理人

C. 专业辅导者

D. 平台打造者

19. 社会工作者小李参与实施医养结合的服务项目。在为某独居老人提供出院随访服务时，小李发现该老人有表达困难，说不清楚自己的身心状况。经查看老人病历，小李借助图片询问老人的身心状况，与老人进行沟通，通过精准评估为老人提供更好的服务。小李的上述评估方法注重的是（　　）。

A. 尊重老年人的隐私权

B. 尊重老年人的独立性

C. 尊重老年人的自决权

D. 尊重老年人的异质性

20. 有媒体曾报道一些不会做家务的大龄未婚女青年遭到家长“催婚”和亲友“非议”的现象，形成了公众参与讨论两性角色规范的舆论场。为推进社会性别主流化，社会工作者应采取的措施是（　　）。

A. 为女青年举办家务技能培训

B. 为相关人群提供婚恋咨询服务

C. 借助该议题向社会宣传性别平等观念

D. 组织大龄女青年通过角色扮演增进自我认识

21. 某校社会工作专业师生在某村实施“社会工作教育对口助力脱贫攻坚计划”，在需求评估中发现，该村的留守妇女较多，她们摆脱贫困的愿望十分强烈。为提升留守妇女的致富能力，提高其家庭和社会地位，实现既扶贫又扶志的目标，该校师生为村里的留守妇女开办了传统手工技能培训班。上述活动关注了妇女的（　　）。

A. 战略性性别需求

B. 成长性性别需求

C. 实用性性别需求

D. 发展性性别需求

22. 打击拐卖妇女犯罪活动是维护妇女权益的重要举措。某区实施多部门合作，开展“打击拐卖妇女犯罪专项行动”，社会工作服务机构也参与其中。下列工作中，属于社会工作服务机构工作职责的是（　　）。

A. 解救被拐卖的妇女

B. 为受害妇女进行全面体检

C. 加大打击犯罪力度

D. 为受害妇女提供创伤辅导

23. 为使农村妇女在乡村振兴中发挥更大作用，社会工作者小姜针对某村妇女社会参与度低、自信心不足等问题，开展了一系列促进妇女发展的服务，包括组织观看和讨论宣传性别平等的影视作品，分享妇女自强经验，介绍其他村女村干部事迹等。小姜的上述做法运用了妇女社会工作赋权方法中的（　　）。

A. 透明化

B. 意识觉醒

C. 政策倡导

D. 权力分析

24. 为了减轻家庭负担，小肖初中毕业后就外出打工，一直在玩具厂的生产线上工作，最近，因企业智能化改造而失业。小肖认为失业的原因是自己没有一技之长、文化程度不高、跟不上时代的发展，觉得自己很无能，对未来感到茫然，遂向社会工作者小张求助。小张同小肖一起分析了她的个人现实条件与企业发展的相互关系，引导她认识个人失业与社会转型的关系。小张的做法属于性别视角妇女社会工作方法中的（　　）。

A. 建立信任关系

B. 挖掘自身潜能

C. 链接周围资源

D. 重新界定问题

25. 为了贯彻落实 2020 年国务院《政府工作报告》中提出的保障残疾人合法权益的精神，某街道计划购买某社会工作服务机构的专业服务，为辖区内残疾人提供差异化的“补偿性”功能训练，帮助残疾人学习文化基础知识并让其接受职业技能训练。上述计划购买的社会工作服务可以促进残疾人（　　）的实现。

A. 康复享有权

B. 环境友好权

C. 社会参与权

D. 文化生活权

26. 残疾人小红在与社会工作者小王的交流中提起，自己先天残疾是父母姨表亲结婚的结果，因此对父母充满怨恨。小王听后，与小红就近亲结婚和致残原因进行了讨论，使小红认识到，近亲结婚只是导致残疾的因素之一，如果父母当时有机会学习优生优育知识，情况就会有所不同。小王对致残原因的分析依据的是（　　）理论。

A. 个人责任

B. 社会责任

C. 社会照顾

D. 回归社会

27. 社会工作者小唐对某社区残疾人的权益实现状况进行了评估，发现该社区十几名有就业意愿的残疾人目前仍未就业。小唐拟对这些残疾人实施职业康复计划，他对这些残疾人的特殊情况以及与就业有关的问题进行了综合考察，帮助他们解决职业康复中出现的问题。接下来，小唐应遵循的工作流程是（　　）。

A. 职业评估→职业培训→就业指导→职业咨询

B. 职业咨询→职业评估→职业培训→就业指导

C. 职业评估→职业咨询→就业指导→职业培训

D. 职业评估→职业培训→职业咨询→就业指导

28. 独居老人张爷爷患有多种慢性病。最近，张爷爷突发脑梗，导致日常生活起居、外出行动和就医等都出现了困难。社区居委会将张爷爷转介给社会工作者小袁。小袁初步了解了张爷爷的情况后，决定将张爷爷列为个案管理工作的服务对象。在与张爷爷建立了专业关系后，小袁下一步需要完成的工作是（　　）。

A. 评估张爷爷需求和生活中的问题

B. 与张爷爷签订个案管理服务契约

C. 邀请邻居作为志愿者照顾张爷爷

D. 为张爷爷制订个案管理服务方案

29. 肢残青年小亮特别喜欢声乐，他的理想是成为一名专业歌唱演员，但又对自己的专业能力没有把握。为了帮助小亮实现理想，社会工作者首先应该做的是为小亮（　　）。

A. 联系声乐老师

B. 搜集文艺团体的招聘信息

C. 提供声乐技巧培训

D. 联系专业机构评定其自身条件

30. 大刚因吸食毒品被责令社区戒毒。社会工作者小林在家访时发现，大刚对吸毒的危害知之甚少，认为小吸无碍；大刚的父亲和几位邻居也曾是吸毒者；大刚居住的社区周边有许多网吧，一些青少年流连其中。小林计划采用社区工作的方法帮助大刚戒毒。下列做法中适宜的是（　　）。

A. 以父亲吸毒的前车之鉴激发大刚的戒毒决心

B. 让大刚从模拟影像中看“吸毒 10 年后”自己的样子

C. 与相关部门会商，联动治理大刚居住周边的生活环境

D. 采用青少年拓展训练的方法，助其增强体质，调节情绪

31. 赵某因琐事与邻居发生纠纷，将对方打伤，被判处拘役 6 个月，缓刑 6 个月，成为社区矫正对象。赵某在参加公益劳动时，常被社区居民指指点点。社区矫正社会工作者老李发现这一问题后，在社区中举办了社区矫正专家讲座，利用微信公众号推送矫正知识，以改变居民的偏见，营造良好的社区环境。老李在上述社区矫正服务过程中使用的方法是（　　）。

A. 开展社区宣传教育

B. 挖掘矫正志愿力量

C. 制订矫正工作计划

D. 培育矫正互助小组

32. 新入职的矫正社会工作者小杨对如何处理遵守保密原则与维护社会安全的关系存在困惑，向督导请教。督导通过对实际案例的讨论分析，协助小杨厘清保密原则及其界限。下列情景中，小杨可以打破保密原则的是（　　）。

A. 某来访机构希望能翻阅矫正社会工作者的服务记录

B. 矫正对象告知社会工作者自己每天靠吸食冰毒来抵抗驾驶疲劳

C. 矫正对象向社会工作者描述之前的犯罪经过以及在监狱里的感受

D. 矫正对象告诉社会工作者自己年轻时曾偷邻居家阳台上的香肠

33. 老张戒除毒瘾已满三年，他经常参与同伴演讲活动，是当地禁毒部门优秀的同伴志愿者。近期，社会工作者小赵发现老张一改常态，多次缺席应参加的活动，遂对老张进行了个别访谈。在访谈中小赵了解到，老张因赌博欠下了巨额债务，觉得自己作为一名优秀的同伴志愿者，却做错了事，实在无颜面对信任他的家人、小赵和民警，悔恨与愧疚的情绪一直缠绕在心头，甚至有了破罐子破摔的念头。为预防老张再次以毒品麻痹自己，协助老张学习以自己的能力去解决问题，小

赵合适的做法是（　　）。

A. 帮助老张提高对赌博危害性的认识

B. 帮助老张提高对吸毒危害性的认识

C. 与老张探讨压力产生的原因，寻找改变的途径

D. 建议老张跟家人坦白，请家人帮忙筹资还赌债

34. 老肖因公致残，入住荣军医院进行康复治疗，但治疗效果不佳。老肖既要忍受身体的疼痛，又要面对生活方式的调整、自我价值的重新确认、社会支持网络的重建等问题。社会工作者对老肖目前的状况进行了评估，认为他的问题与需求是多元的，且融合在他的日常生活中。上述老肖的问题和需求在其生活中呈现出（　　）的状态。

A. “未分化”

B. “常态化”

C. “动态化”

D. “个性化”

35. 社会工作者在与前来求助的军休干部进行沟通时，运用“合作的语言”技巧与服务对象交流。下列社会工作者的表述中，运用了该技巧的是（　　）。

A. “我能帮你做什么呢？”

B. “你为什么来找我啊？”

C. “你想做什么改变呢？”

D. “别担心，我会帮你的。”

36. 某军休干部管理与服务中心的社会工作者小宋设计了“岁月如歌”生命回顾小组工作方案，为军休所的老干部提供服务。小宋采用分享老照片的方式帮助军休老干部重温在部队时取得的人生成就，引导他们分享现在的欢乐时光和幸福生活，鼓励其参与社会活动，力所能及地关心他人、服务社会。小宋这样做的主要目的在于（　　）。

A. 缓解老人的寂寞孤独感

B. 帮助老人坦然面对死亡

C. 建立老人间的信任关系

D. 协助老人重构生命价值

37. 小王患有精神分裂症，经过住院治疗，进入康复阶段，但精神疾病的“污名化”给小王带来了极大的痛苦，他很少与外人接触。社会工作者小夏拟采用医疗

救助的方法为其提供服务。小夏在社区先后策划组织精神健康宣传周活动，整合各类资源为社区精神病患者的家属提供精神健康照顾知识培训，招募志愿者与小王结对帮扶。小夏的上述工作属于医疗救助社会工作中的（　　）。

A. 强化社会支持

B. 改善救治环境

C. 协调医疗资源

D. 协助申请救助

38. 某社会工作服务机构开展社会救助外展服务，社会工作者与救助站和城市管理部门合作，借助救助巡逻车和救助亭对辖区的流浪乞讨人员实施救助。该社会工作者的外展服务属于（　　）。

A. 机构救助

B. 街头救助

C. 全天候救助

D. 紧急救助

39. 社会工作者小林在入户走访评估时发现，刘阿姨的家庭符合最低生活保障救助条件，但刘阿姨并没有提出申请。刘阿姨认为自己虽然出行需要坐轮椅，行动不便，但依然有动手能力，希望能自食其力，为就读初中的女儿做榜样。对此，小林适宜的做法是（　　）。

A. 向刘阿姨介绍国家救助政策设立的目标

B. 劝说刘阿姨继续申请救助，保障基本生活

C. 尊重刘阿姨的意见，为其提供相关工作信息

D. 尊重刘阿姨的意见，停止为其开展救助服务

40. 某社会工作服务机构策划了“幸福门”一站式救助方案，计划通过评估了解服务对象的现实情况和需求，运用危机干预方法帮助服务对象摆脱急难困境；运用增能方法提高服务对象主动脱贫的意识和能力；注重居民个人发展与社区发展相结合，倡导居民自助互助；依托社会组织直接为需要救助的居民提供服务。上述方案属于（　　）。

A. 家庭为本的生活救助

B. 以人为本的教育救助

C. 社区为本的综合救助

D. 机构为本的专业支持

41. 某社会工作服务机构在某村开展社会工作，助力脱贫攻坚服务。社会工作者小王在绘制“民情地图”时发现，村民大伟是家里的顶梁柱，在前几年的车祸中致残，家庭生活陷入困境，成为村里的低保对象。大伟因为“吃低保”一直觉得抬不起头，不愿与村民来往；因为家里穷，夫妻间常争吵。针对大伟因身残而致其家庭贫困的处境，小王协助大伟及其家庭的最有效途径是（　　）。

A. 链接康复资源帮助大伟进行康复训练

B. 鼓励大伟去参加残联的电商技能培训

C. 通过个案工作帮助大伟缓解心理压力

D. 提供婚姻辅导以改善大伟的夫妻关系

42. 王女士因文化水平不高，十几年来靠在城市打零工为生。王女士希望儿子能够好好读书，今后找一个“好工作”；儿子很听话，也常干家务，就是不爱学习，这让王女士很担心，遂向社会工作者小付求助，希望小付帮助儿子改变。根据家庭社会工作为家庭成员增能原则，小付面对王女士的诉求，适宜的提问是（　　）。

A.“您能具体说说孩子的问题吗?”

B.“您能介绍一下孩子在学校的表现吗?”

C.“您认为孩子不爱学习的原因是什么?”

D.“您觉得孩子只爱学习不爱做家务会怎样?”

43. 14 岁的大壮是事实无人抚养儿童，与奶奶相依为命。最近，大壮因厌学情绪严重与奶奶冲突不断，无论奶奶怎么劝说，大壮都不想去上学了，于是奶奶向社会工作者小宁寻求帮助。小宁遵循家庭处境化原则为大壮和奶奶提供服务，下列做法中正确的是（　　）。

A. 约定奶奶和大壮都在家的时间去探访

B. 去学校向老师和同学了解大壮的情况

C. 邀请大壮参加社区的青少年成长小组

D. 请奶奶下次与大壮一同来与小宁交谈

44. 老王夫妇希望女儿大学毕业后在本地就业，遭到女儿强烈反对，在几次激烈争吵后，女儿竟不辞而别。痛苦的老王夫妇向社会工作者小强求助。为了帮助老王夫妇理解女儿的想法，改善与女儿的关系，根据家庭所处生命周期阶段的任务和要求，小强适宜的做法是鼓励老王夫妇（　　）。

A. 用温和的沟通方式劝女儿早日回家

B. 调整沟通方式，缓和与女儿的关系

C. 改善沟通方式，尊重女儿自立的要求

D. 与女儿平等协商，找到冲突解决方法

45. 学校社会工作者小孟发现很多高三学生十分迷茫，对自己的未来既缺乏清晰的目标，又不知道应该如何进行升学和就业的抉择。为满足这部分学生的发展性需要，小孟最适宜的做法是（　　）。

A. 举办思想政治教育讲座，帮助学生树立远大的理想信念

B. 进行特殊学生个案管理，帮助学生建立良好的自我认知

C. 成立学生生涯规划小组，培养学生规划职业生涯的能力

D. 开展励志教育专题培训，协助培养学生竞争意识和能力

46. 小杰跟随打工的父母到城里上学。在新学校里，小杰因打骂同学受到学校政教处的批评教育，后被转介给学校社会工作者小李。小李与小杰会谈后发现，小杰常常误会同学的语言和行为，缺乏足够的自我觉察。为了帮助小杰更好地识别和理解他人的感受，小李的下列做法中正确的是（　　）。

A. 培养小杰分辨个人情绪的能力

B. 指导小杰学会赞美他人

C. 引导小杰探讨宽恕他人的意义

D. 帮助小杰学会向他人道歉

47. 14 岁的女孩小花，智力发育迟缓，自我防护意识较弱，因家长监护不力，半年前遭受性侵。在侵害者受到公安机关处置后，小花被转介到某特殊教育学校，社会工作者小魏开始为小花提供辅导与陪伴服务。此时，小魏最宜开展的工作是（　　）。

A. 危机干预

B. 关注小花的心理和行为变化

C. 资源链接

D. 为小花家长提供防性侵知识

48. 某社区与社会工作服务机构携手创建“新时代文明实践志愿服务示范社区”，拟在社区培育成立多个志愿服务队，开展志愿服务。下列工作中，属于志愿服务活动策划阶段的是（　　）。

A. 确定志愿者的配置数量

B. 评估机构自身的人力配置

C. 表彰奖励优秀志愿团队

D. 进行志愿服务项目预算管理

49. 某老旧社区人口结构较为复杂，环境卫生状况令居民不满。为了改善该社区的环境状况，社会工作者与社区居委会一起组织社区居民成立“社区居民议事会”，促成“三社联动”，组织社区居民讨论通过了《社区环境卫生改善实施方案》，并就具体事项做了分工，明确相关人员的职责与任务。上述社会工作者推动社区居民参与的层次和形式是（　　）。

A. 协商

B. 告知

C. 咨询

D. 共同行动

50. 为推动“新时代文明实践活动”的开展，某社会工作服务机构拟与新星社区共建社区志愿服务“时间银行”。该机构的社会工作者在依据布雷德绍需求分类法进行社区需求分析时发现，对于建立“时间银行”，该社区有感觉性需求、表达性需求和规范性需求，但没有比较性需求。上述需求分析结果表明（　　）。

A. 在社区建立“时间银行”困难重重

B. 建立“时间银行”不能给社区带来利益

C. 建立“时间银行”不是社区真正的需求

D. 建立“时间银行”是创新服务的最佳时机

51. 针对某村妇女参政议政意愿和能力较低的问题，社会工作者配合村委会换届工作，推动妇女参与村“两委”选举。社会工作者最适宜开展的工作是（　　）。

A. 举办妇女参政议政能力培训活动

B. 对农村妇女参选活动效果进行评估

C. 分析农村妇女参政议政能力低的原因

D. 评选社区“好媳妇”，扩大妇女影响力

52. 某社会工作服务机构的项目团队在某社区开展服务已近一年，他们以各种方式动员社区居民参与项目活动，社区居民也感受到参与项目给自己带来的益处，投入了越来越多的时间和精力。但在项目中期评估中，社会工作者发现社区居民参与效果不佳。从影响社区居民参与因素角度来分析，该社区发生上述情况可能是因为社区居民（　　）。

A. 参与意愿不高

B. 参与能力较低

C. 缺乏参与机会

D. 没有认识到参与价值

53. 随着生活方式的改变，糖尿病患者逐年增多。有些患者在确诊后常会变得紧张和焦虑，有些患者因需要终生服药、饮食控制，还可能出现严重的并发症和阶段性生活质量下降等问题，伴有自暴自弃和情绪低落等现象。针对上述问题，医务社会工作者应首先提供的服务是（　　）。

A. 运用专业方法对患者的情绪给予必要的干预

B. 调查了解患者家族史并及时汇报给临床医师

C. 与家属讨论患者的病情状况和临床治疗方案

D. 告知患者不好好配合治疗将会面临生命危险

54. 某施工现场发生意外事故，一名伤员被送至医院急诊部。因该伤员伤势较重，陪同人员心情急躁，觉得医护人员行动迟缓、救治不力，与医护人员发生争吵，出现过激行为，妨碍了救治工作。此时，急诊部的医务社会工作者最适宜的做法是（　　）。

A. 协助医院保安，对患者陪同人员暂时实施隔离

B. 提供现场陪伴，对患者陪同人员进行情绪疏导

C. 引导医护人员，避免与患者陪同人员直接接触

D. 劝导陪同人员，并探究其出现过激行为的原因

55. 某精神卫生中心社会工作者小曹发现，很多精神病患者担心一旦有过入院治疗经历就会被贴上标签，日后很难摘掉“精神病人”的帽子，其家庭也不得不面对普遍存在的社会偏见。针对这一情况，小曹应开展的服务是（　　）。

A. 尽快安排患者出院，帮助患者去除“精神病人”标签

B. 联系其他医疗机构，将患者转介至异地医院进行治疗

C. 探讨患者治疗方案，尽量缩短患者在医院的治疗疗程

D. 开展社区宣传教育，改变公众对精神疾病的传统认知

56. 新冠肺炎疫情初期，某医院急诊室每天都会接诊很多怀疑自己染病的患者，这些患者没有明显的症状，但对照典型症状后又自觉有类似症状，因而十分焦虑，对医护人员的解释也将信将疑，产生了沉重的思想负担。这一现象说明，医院急诊室医务社会工作者需要对服务对象进行（　　）。

A. 危机干预

B. 认知干预

C. 生理干预

D. 行为干预

57. 在“大健康”的理念下，“院后阶段”是医务社会工作服务过程中的重要工作环节。有些新冠肺炎重症患者完成“院中”治疗后，进入社区康复阶段时会产生困扰，曾经的创伤性治疗和隔离状态使他们在康复期出现严重的心理阴影乃至抑郁倾向。针对此类患者，医务社会工作者在开展个案管理服务时，首先应该做的是（　　）。

A. 尽量说服患者接纳康复方案

B. 引导患者选择其他康复方案

C. 疏导患者情绪，提升其对康复方案的依从性

D. 重建患者认知，并与其错误想法进行对质

58. 随着新冠肺炎疫情得到控制，某工业园区与地方政府联动，采取包机、包车接送等全程“点对点”方式招聘新员工，以解决企业复工复产面临的招工难问题。社会工作者协助企业做好新员工心理支持、新环境适应、子女就近上学等服务，提升职工的心理满足感，从而吸引外来务工人员来园区就业。社会工作者的这种做法，属于职工（　　）。

A. 福利服务

B. 休闲生活服务

C. 情绪管理

D. 工作与家庭生活平衡服务

59. 企业社会工作者小郑拟为新入职的员工设立环境适应支持小组，以协助他们应对入职压力，提高他们对环境的适应能力。根据此小组工作目标，下列做法正确的是（　　）。

A. 培训小组成员的办公软件操作技能

B. 矫正小组成员入职初期的行为偏差

C. 教授小组成员插花技能以陶冶性情

D. 请小组成员分享入职体验及相互鼓励

60. 社会工作者小刘在某企业调研时发现，部分青年员工工作积极性不高，对学习新技术缺乏热情和主动性。小刘联合该企业人力资源部门和工会开展了一系列活动，包括邀请本行业获得“大国工匠”称号的劳模讲述岗位成才的故事，开展青年岗位大练兵等活动。小刘开展的上述活动是为了（　　）。

A. 改善员工工作环境

B. 提升员工劳动技能

C. 建立员工支持网络

D. 改变员工认知偏差

二、多项选择题（共20题，每题2分。每题的备选项中，有2个或2个以上符合题意，至少有一个错项。错选，本题不得分；少选，所选的每项得0.5分）

61. 社会工作者小吕在某村开展“社会工作助力脱贫攻坚”服务项目。村里有一建档立卡贫困户，户主老钱有劳动能力，但拒绝参加就业扶贫项目。他今天找村委会主任要补助金，明天找村党支部书记要救济品。村干部想了很多方法帮助老钱都不见成效。为有针对性地为老钱提供帮助，小吕准备去老钱家做家访，入户前需要做的准备工作有（　　）。

A. 去邻居家了解老钱的家庭情况

B. 向村委会主任了解老钱的情况

C. 找民政专干查询老钱家以往接受救助的资料

D. 为督促老钱自立自强，准备好服务协议让老钱签字

E. 将老钱家至今未脱贫的原因归结为“多重问题的结果”

62. 为了帮助精神病患者老张出院之后在社区进行康复，社会工作者小王来到老张家中做家庭会谈，了解老张的日常起居情况和居住环境，探问老张与家人的交往状况；之后，小王又联系了老张的主治医生，了解老张的就诊和服药情况；此外，小王还查阅了老张的社区档案。在上述工作中，小王运用的资料收集方法包括（　　）。

A. 询问

B. 问卷调查

C. 观察

D. 利用已有资料

E. 咨询

63. 某社会工作服务机构与社区儿童绘本图书馆合作，面向社区内的学龄前儿童和家长开展“图书漂流”活动，并在暑期组织“悦读悦成长”社区亲子阅读大赛。这些工作旨在丰富儿童的社会活动、提升儿童自我认知能力和改善亲子关系。该机构的上述工作属于儿童支持服务中的（　　）。

A. 家庭辅导

B. 社会化引导

C. 亲职教育

D. 娱乐和休闲

E. 儿童问题辅导

64. 为将某社区建设成“儿童友好社区”，社会工作者小王拟运用倡导的方法开展儿童友好社区建设工作，小王的正确做法有（　　）。

A. 在社区张贴海报，发放宣传单

B. 在学校建设安全益智的儿童游乐场馆

C. 开通“儿童友好社区建设”微信公众号

D. 为受虐儿童提供社区紧急医疗与庇护服务

E. 举办儿童友好社区建设“金点子”征文比赛

65. 社会工作者为青少年提供个案辅导，协助他们进行自我探索；开展青少年小组工作，训练其社交技巧；组织青少年参与志愿服务，提升他们的社会责任感。上述服务体现了青少年社会工作更加重视（　　）。

A. 倡导优化社会环境

B. 发挥群体性示范效应

C. 维护青少年合法权益

D. 预防青少年违法犯罪

E. 促进青少年自我认同

66. 某老年社会工作服务中心在建设“老年友好社区”工作中积极作为，根据社区老人的不同需求开展了多种服务，包括协助贫困老年人申请低保、组建“夕阳红志愿服务队”、定期组织与社区幼儿园开展联谊活动、成立“银龄合唱团”等。上述服务满足了老年人（　　）的需要。

A. 健康维护

B. 经济保障

C. 休闲娱乐

D. 社会参与

E. 居家安全

67. 某科技公司开发出一款帮助老年人叫外卖和购买日用品的软件，以解决老年人吃饭难和购物难的问题，某社区很多老年人使用了此产品。社区社会工作者小李从促进老年人社会融合的理念出发，分析认为该软件虽然解决了老年人因身体功能和行动能力退化而产生的生活方面的困难，却没有关注到老年人心理和社会的需要。为减少老年人因使用这种生活软件对社会交往和社会融合的影响，小李可开展的服务有（　　）。

A. 在重阳节组织老年人到公园赏秋

B. 为老年人提供“互联网购物”线上培训

C. 组织志愿者协助行动不便的老年人逛超市

D. 倡导体现“人际交往”理念的智慧养老服务

E. 入户为老年人提供一对一“网购”安全指导

68. 社会工作者小王在与家庭暴力受害者小宋的面谈中发现，小宋已经出现了“受虐妇女综合征”的症状。小宋的下列表述中符合“受虐妇女综合征”的是（　　）。

A.“家庭暴力是社会因素造成的”

B.“我因为被家暴患上了严重的抑郁症”

C.“丈夫打我是因为我自己的问题造成的”

D.“‘床头打架床尾和’，家家都是这样的”

E.“我觉得已经无法摆脱丈夫一次又一次的暴力了”

69. 某社区建立了残疾人服务中心，在社区内积极开发就业岗位，帮助残疾人实现社区内就业，但在工作中仍面临残疾人自信心不足、参与度不高、社区内就业岗位不足、资金紧张和面向残疾人的专业服务缺乏等问题。针对上述情况，从增加支持性资源的角度看，该中心的社会工作者应开展的工作包括（　　）。

A. 到当地人力资源和社会保障局争取用人指标

B. 与企业接洽协商，开发线上线下的就业岗位

C. 发动社区社会组织，为残疾人提供关爱服务

D. 引进社会工作服务机构，为残疾人提供专业服务

E. 为残疾人办理个人住房抵押贷款，解决资金问题

70. 王某在强制隔离戒毒期满回到社区后，自暴自弃，既没有收入来源，又不出去工作，也不与家人和邻居来往。一天，王某找到居委会，要求给予经济救助，并扬言自己身患传染病，若不给钱，就会做出过激行为。居委会工作人员耐心劝导，遭到王某的恶语攻击，遂将王某转介给社会工作者小张。从王某的上述行为表现可以看出，王某具有矫正社会工作服务对象（　　）。

A. 冲动好斗的人格特征

B. 吸毒人员的生理特征

C. 自卑消沉的心理特征

D. 多重困难的生活特征

E. 与社会脱节的社会特征

71. 某市退役军人事务部门为落实退役军人事务部《关于促进新时代退役军人就业创业工作的意见》，购买了某社会工作服务机构的专项服务，为退役军人开展就业创业扶持活动。下列服务中，属于退役军人安置社会工作内容的有（　　）。

A. 调查评估退役军人就业创业需求

B. 研究制定就业创业相关扶持政策

C. 邀请创业成功的退役军人分享经验

D. 组建退役军人就业创业专家指导团队

E. 帮助退役军人建立就业创业互助小组

72. 小军因伤致残入住康复医院。一天，小军的室友向社会工作者小方反映，小军情绪低落，总说活着没意思，还偷藏了安眠药。小方通过评估，确定需要对小军进行危机干预。小方首先与小军建立信任关系，在稳定小军情绪的基础上与小军一起找出造成其困扰的原因。小方的下列表述中，运用了危机干预技巧的有（　　）。

A. “我已通知了你姐姐，她明天就来看你。”

B. “眼下有哪些事让你消沉，可否说来让我听听？”

C. “院里为你制订了周详的康复计划，你仍可凭一技之长服务社会。”

D. “我理解从一个生龙活虎的人，突然变成饮食起居都要靠人帮忙的这种感受。”

E. “你很坚强，治疗那么痛苦都熬过来了，现在还有什么困难是不能克服的呢？”

73. 老丁的妻子长期卧病在床，孩子正上初中，一家人依靠最低生活保障金和老丁当保安的收入维持生活。前段时间，老丁因公司解散而失业在家，想找比当保安收入更高的工作，但一直未能如愿，为此心情烦躁，常对儿子发脾气。为了帮助老丁一家，社会工作者小李开展了下列服务，其中属于就业救助的有（　　）。

A. 帮助老丁调整自我认知

B. 帮助老丁的儿子募集助学金

C. 帮助老丁链接就业资源

D. 协助老丁家申请医疗救助

E. 帮助老丁改善亲子关系

74. 社区居民老张向社区提出低保申请，社会工作者小王负责低保对象的识别工作，需要了解老张及其家庭状况，为此计划做家访。小王在家访过程中需要做的有（　　）。

A. 观察老张一家的家居生活

B. 走访老张之前的同事和朋友

C. 观察老张住所的空间大小

D. 用量表测量老张的人际关系

E. 了解老张左邻右舍的情况

75. 在一次家庭面谈中，孙女士向社会工作者老于数落了丈夫和儿子的很多不是，她还提出希望儿子能够改变学习习惯和提高学习成绩，希望丈夫能够多关心儿子的学习和教育。为帮助孙女士理清希望解决的问题，老于拟运用聚焦技巧进行提问，适宜的问法有（　　）。

A. “您能给自己想要解决的问题排个序吗?”

B. “您能说一说还有其他想要解决的问题吗?”

C. “您能说一说想要解决这些问题的原因吗?”

D. “您能就前面提到的问题做进一步介绍吗?”

E. “您能说一说目前最想解决的问题是什么吗?”

76. 学校社会工作者大潘了解到，一部分学生虽然有学习意愿，但对老师布置的学习任务，要么马虎对付，要么拖拖拉拉，影响了学习效果。为提升这些学生的行动力，大潘计划开展一系列有针对性的服务，适宜的做法有（　　）。

A. 鼓励学生参与物理、化学、生物等课程的教学实验，分享感受与经验

B. 对学生提出任务目标，及时检查执行情况，培养及时完成功课的习惯

C. 开展历奇辅导，帮助学生通过经历新奇、体验冒险、挑战自我等方式激发潜能

D. 开展主题小组，模拟情景，提出任务，邀请组员竞标，培养积极生活态度

E. 通过个案辅导的同感、接纳、尊重等工作技巧引导学生表达感受、宣泄情绪

77. 某社会工作服务机构承接了政府购买的社区治理服务项目。该机构就大家反映强烈的广场舞扰民、宠物随地大小便等问题，计划推动成立社区议事会，通过民主协商的方式，形成居民行为公约。但是，居民中的年轻人大多处于职业上升期，工作压力大，老年人整日忙于家务，照顾孙辈。他们都对社区事务无暇顾及。为了推动社区居民的参与，该机构适宜的做法有（　　）。

A. 为了保证社区居民的休息，建议禁止居民在社区跳广场舞

B. 培育“宠物俱乐部”社区社会组织，发掘和培养居民骨干

C. 举办社区环保知识竞赛，鼓励居民以家庭为单位参加比赛

D. 举办“社区邻里节”，增进居民相互熟悉及对社区事务的关注

E. 将居民会议时间安排在晚上或周末，且每次会议时间不宜过长

78. 独居的罗奶奶与街坊关系都很好，经常去邻居家串门。去年年底，罗奶奶因脑梗留下后遗症，罗奶奶的子女请了保姆照顾她，但因工作忙，不经常和罗奶奶联系。因为行动不便，罗奶奶与邻居也很少来往，成天自己看电视，很少与保姆交流，变得越来越沉默寡言。社区社会工作者小叶在家访中了解到罗奶奶的情况，拟为其建立网络化的社区支持。为了实现上述目标，小叶的正确做法有（　　）。

A. 帮助罗奶奶申请医疗救助

B. 组织社区志愿者定期探访罗奶奶

C. 帮助罗奶奶学会通过微信群与病友建立联系

D. 联系省级医院专家定期为罗奶奶进行康复理疗

E. 与子女联系并建议他们经常与罗奶奶“亲情连线”

79. 小明妈妈是医院“患儿家长互助小组”的新成员。医务社会工作者小马在与其接触时得知，小明在学校突然晕倒后被送到医院急救，后被确诊是急性白血病，小明妈妈又急又怕，陷入恐慌、悲伤与绝望之中。针对这一情况，小马正确的做法有（　　）。

A. 对小明妈妈的负面情绪进行及时干预

B. 与临床医生协商小明的临床治疗方案

C. 采用家庭治疗方法对小明和妈妈的亲子关系进行干预

D. 动员“患儿家长互助小组”成员为小明妈妈提供心理情感支持

E. 鼓励小明妈妈在“患儿家长互助小组”中学习照护和康复经验

80. 社会工作者老张为入职 2~3 年的职工提供职业生涯规划服务，设立了员工成长小组。在最后一次小组活动后，老张拟对小组工作进行综合评估，可以采用的做法有（　　）。

A. 进行社会工作者自我表现评估

B. 使用量表对组员进行满意度评估

C. 对组员进行访谈，了解他们接下来的需求

D. 在这次小组活动中继续观察小组成员的表现

E. 对组员职业生涯规划意识进行前后测的数据对比分析

附录3：社会工作综合能力（中级）真题

一、单项选择题（共60题，每题1分。每题的备选项中，只有1个最符合题意）

1. 新冠肺炎疫情防控期间，社会工作界积极响应党中央的号召，参与疫情防控工作，做出了重大贡献，习近平总书记2020年2月23日在统筹推进新冠肺炎疫情防控和经济社会发展工作部署会议上的讲话中指出：“要发挥社会工作的专业优势，支持广大社工、义工和志愿者开展心理疏导、情绪支持、保障支持等服务。”下列最能反映社会工作专业优势的是（　　）。

A. 社会工作的专业化和职业化

B. 社会工作的专业理念和专业方法

C. 社会工作的本土化和行政化

D. 社会工作的问题意识和政策思路

2. 下列服务内容中，体现社会工作“建构社会资本”功能的是（　　）。

A. 为老旧小区争取资源，进行适老化改造

B. 为居民组织公益活动，培育共同体意识

C. 为肢体残障人士开展技能培训，促进就业

D. 为社区居民开展法律培训，维护社区秩序

3. 关于社会工作专业发展历程的说法，正确的是（　　）。

A. 社会工作的服务目标始终以微观治疗为主

B. 社会工作形成之初便提出社会-心理模式

C. 为展现专业服务效能而逐步拓展服务对象

D. 为解决复杂社会问题而出现整合社会工作

4. 社区社会工作者在疫情联防联控、群防群控中发挥了重要作用。在各方共同努力下，我国抗击新冠肺炎疫情取得重大战略成果。抗击新冠肺炎疫情的实践说明，我国社会工作的发展在中国共产党领导下必须遵循的基本原则是（　　）。

A. 社会工作者要组织各方志愿者一起工作

B. 社会工作者要协同各专业力量一起努力

C. 社会工作者要积极运用传统文化优势开展工作

D. 社会工作者要坚持职业化、专业化、本土化的发展路径

5. 社会工作者小郝在某初中开展学校社会工作服务。下列服务内容中，属于“治疗型”学校社会工作的是（　　）。

A. 协助学生制定学业发展规划

B. 对有欺凌行为的学生进行辅导劝诫

C. 帮助患病学生链接医疗资源

D. 为学生们开展校园安全教育工作

6. 社会工作者老宋主要负责养老驿站的运营工作。下列老宋的工作中，体现他具备“发展专业能力”的是（　　）。

A. 评估上门服务过程中存在的风险并合理设计服务

B. 与业内其他仰赖机构建立合作关系并共享服务资源

C. 为高龄独居老年人提供政策咨询并协助维护权益

D. 总结养老驿站运营的经验，促成养老服务体系建设

7. 关于社会福利事项对社会工作价值观影响的说法，正确的是（　　）。

A. 中国古代官方的救济行为是儒家“仁爱”思想的表现

B. 西方福利国家建立前社会工作价值观是以效率为中心的

C. 社会工作价值观的内涵随社会福利思想的变化而演进

D. 中国社会工作价值观更多地受西方社会福利思想影响

8. 社会工作专业在我国重建后，经过几十年的发展，中国的社会工作者与各领域的专业工作者通力合作，共同推进社会福利进步，尤其是在贫弱群体遭遇困境时社会工作更是发挥了重要作用。上述内容主要体现的我国社会工作价值观是（　　）。

A. 人民为本，回应需要

B. 待人真诚，坦诚守信

C. 廉洁公正，追求公义

D. 实现自我，服务社会

9. 某初中班主任在学生小华的周记作业中发现他有离家出走的念头，因不知如何应对而向社会工作者小刘求助。小刘找小华谈话并了解到，小华在感到不开心时就想离家出走。因此，小刘的恰当做法是（　　）。

A. 与小华约定当他不开心时要第一时间找小刘倾诉

B. 与小华的父母约定每周需与社会工作者沟通一次

C. 与小华最要好的朋友约定最近要更多地关心帮助小华

D. 与小华的班主任约定替小华保守想要离家出走的秘密

10. 社会工作者向项目主任反映，近期他在与服务对象刘大爷交谈时得知，老人年轻时曾因盗窃罪服过刑，但他觉得自己很冤枉，这让小张在接受刘大爷和开展服务时有压力。根据社会工作价值观实践原则，项目主任应建议小张（　　）。

A. 坦率告知刘大爷自己无法继续服务

B. 向刘大爷坦诚分享自己的压力感受

C. 立即向机构报告刘大爷的个人背景

D. 理解刘大爷的以往经历并尝试接纳

11. 关于社会工作伦理决定的说法，正确的是（　　）。

A. 为协助服务对象做出决断，社会工作者应在与其督导者商议以后做出伦理决定

B. 为维护服务对象权益，社会工作者在每个服务阶段都应征得服务对象的同意

C. 为保护服务对象隐私，社会工作者不得向利益方透露服务对象个人信息

D. 为尊重服务对象选择，社会工作者在服务过程中应尽最大可能做到认同和接受

12. 高女士所在的公司近期完成了全面装修改造。高女士已怀孕三个月，她担心公司装修污染会对胎儿产生不良影响，于是找公司领导反映自己的想法，在此过程中与领导发生了激烈争执。为此，她向社会工作者求助，社会工作者根据莱恩·多亚尔和伊恩·高夫的需要理论判断，高女士的需要属于（　　）。

A. 关系的需要

B. 成长需要

C. 尊重的需要

D. 中介需要

13. 大学生小胡一直热心公益事业，经常利用暑期参加社会工作服务机构组织的关爱老年人活动。他弹唱老人们熟悉的歌曲，展示街舞才艺，让老人们感受年轻人的世界。小胡的这种行为属于（　　）。

A. 本能行为

B. 亲社会行为

C. 利己行为

D. 规范性行为

14. 小马因伤残无法继续从事原工作，寻找工作时又屡屡碰壁，因此十分沮丧。社会工作者得知情况后，从社会环境的角度入手，协助他向民政部门申请临时救助，帮助他联系职业培训学校学习新技能，还组织社区志愿者对其进行鼓励支持。社会工作者的上述做法，充分考虑了社会环境具有（　　）。

A. 平等性

B. 多样性

C. 层次性

D. 稳定性

15. 丁先生夫妇结婚多年，直到 40 岁才生下一对双胞胎。夫妻俩将孩子的生活安排得十分细致，对他们的学习要求极为严格。丁先生夫妇对孩子的教养方式是（　　）。

A. 专制型

B. 娇纵型

C. 冲突型

D. 支配型

16. 老李对退休后的生活感到有些不适应，他的一对儿女虽然很忙，但还是经常来看望老李。老李子女的这种做法体现了家庭的（　　）。

A. 经济支持功能

B. 代际互助功能

C. 情感支持功能

D. 行为规范功能

17. 大学四年级学生小贾通过校园招聘会向一家社会工作服务机构投递了简历。在面试中，小贾得知该机构的服务对象主要是老年人，他觉得服务老年人的工作很有意义，发展前景很好，但小贾家人觉得该机构的待遇一般，不支持他的选择。小贾多次与家人沟通未果，难以抉择，遂向社会工作者寻求帮助。从青年阶段人生发展任务的角度看，社会工作者适宜的做法是（　　）。

A. 帮助小贾准确地定位发展目标

B. 鼓励小贾先到机构做志愿服务

C. 劝导家长理解小贾的发展需要

D. 协助小贾宣泄左右为难的情绪

18. 弗洛伊德认为人格是一个整体，包括本我、自我和超我三个部分，在不同的时间内三者彼此交互影响，对个体产生不同的作用。关于“本我、自我、超我”的说法，正确的是（　　）。

A. 自我是“管理者”，遵守现实原则，对本我和超我之间的冲突进行约束

B. 本我依照享乐主义原则，处于不明确状态，随时间和经验而发生变化

C. 自我包含意识和前意识，它是在社会环境中由个人通过学习而获得的

D. 超我包含意识和前意识，也包含部分潜意识，对人的行为几乎无影响

19. 大学生小沈觉得必须抓住每个机会才能保证毕业后有好的前途，因此她总是忙于完成课内外的各种学习和实践，深感疲惫。当她力不从心时，又担心事情做得不好，会影响自己在老师和同学心目中的印象。为此她长期焦虑，向社会工作者老周求助，根据认知行为理论，老周宜采取的做法是（　　）。

A. 明确指出小沈特别看重外部评价的特点，协助她去探索内心深处的潜意识

B. 与小沈分析“必须抓住每个机会”的想法，引导她觉察自己的非理性思维

C. 指出小沈基本能够合格完成任务的事实，激发她挖掘个人发展的更大潜能

D. 启发小沈反思追求“好前途”的意义，引导她洞察内心最想追求的目标

20. 11 岁的男孩小杰是某儿童福利院的孤残儿童，患有轻微脑瘫。小杰 3 岁时，经评估后被安排到家庭中寄养。小杰现在在一所小学读三年级，成绩中等。一天，寄养家庭父亲找到社会工作者，说小杰擅自拿了家里 1 000 元钱，希望社会工作者帮忙解决问题，社会工作者在与小杰建立信任关系后，开展了服务。下列社会工作干预措施中，体现“生态系统理论”视角的是（　　）。

A. 纠正不良行为，形成正确认知

B. 疏导个人情绪，恢复理性思考

C. 提高学习兴趣，发展个人潜能

D. 调整家庭关系，营造健康环境

21. 为响应党中央坚决打赢脱贫攻坚战的号召，民政部启动社会工作服务机构“牵手计划”。某社会工作服务机构派遣社会工作者小李深入贫困山区，协助当地社会工作服务机构参与脱贫攻坚工作。在服务过程中，小李发现村民对社会工作缺乏了解，使得当地社会工作者要花费较长时间才能建立信任关系。为此，小李决定从环境层面为当地的社会工作者赋能，其恰当的做法是（　　）。

A. 通过设立成长小组提高当地社会工作者的直接服务能力

B. 帮助当地社会工作者制订专业能力提升计划并开展实践

C. 鼓励当地社会工作者加强自我学习，提高专业能力素养

D. 协助当地社会工作者展示服务成效，呼吁社会广泛关注

22. 单亲妈妈郭女士独自抚养 15 岁的女儿。女儿有较为严重的叛逆心理，越来越不听她的话。最近郭女士又因为单位效益不好而失业，不知将来如何生活，失去了信心。为此，她向社会工作者小陶求助。依据存在主义理论，小陶恰当的做法是（　　）。

A. 引导郭女士正视生活困难，重新理解这段经历的意义

B. 建议郭女士忘却痛苦的经历，着眼未来和开始新的生活

C. 协助郭女士分析困难的处境，评估其情绪和认知状态

D. 劝说郭女士树立生活的信心，把握机会，重新建立家庭

23. 某儿童服务机构的社会工作者小梁接到一位居民的电话，反映其邻居家的 12 岁男孩小伟时常被父亲打骂。小梁通过入户访问、评估，决定为小伟一家提供服务。在预估与问题分析阶段，小梁首先要做的是（　　）。

A. 预判小伟家的问题及其成因

B. 收集小伟家及其所处环境资料

C. 与小伟家签订正式服务协议

D. 将小伟一家转介给家庭治疗师

24. 刘先生一家在外出途中遭遇车祸，妻子和女儿同时遇难，自己也受伤并住院治疗，医务社会工作者小惠在查房时发现刘先生极度悲伤和自责，甚至说自己也不想活了。从危机介入模式来看，小惠最适宜的做法是（　　）。

A. 迅速评估刘先生行为的危险性

B. 与刘先生深入讨论他的不合理理念

C. 立即协助刘先生填写抑郁量表

D. 把刘先生的情况告诉病友

25. 15 岁的小宗沉迷于网络游戏而不能自拔，即使面临中考也无心学习，他觉得自己玩网络游戏天下无敌，以后可以参加比赛，赢大额奖金，用不着好好学习，为小宗提供服务的社会工作者小李也是网络游戏高手，他主动约小宗一起打了几回网络游戏。小宗多次输给小李，感到很挫败，觉得自己再也不是天下无敌了，从认知行为治疗模式的角度看，上述小李的服务应用技巧是（　　）。

A. 认知重塑

B. 合作式的治疗关系

C. 个案概念化

D. 结构化和情绪控制

26. 16 岁的小李患有严重的抑郁症，一直休学在家，为配合药物治疗，社会工作者通过家庭评估，了解到小李的父亲工作很忙，父母之间很少沟通，母亲将所有的时间和精力都放在小李身上，让小李感到喘不过气来，根据结构式家庭治疗模式，社会工作者适宜采用的做法是（　　）。

A. 帮助小李家庭成员看到自身潜在的优势

B. 让小李家庭在辅导过程中表现交往冲突

C. 帮助小李家庭厘清家庭交往关系的界限

D. 协助小李家庭建立合理观察生活的视角

27. 75 岁的老江退休后数次被骗。子女埋怨他不听劝告，拿走了他的银行卡，每月只给他一千元的生活费。老江感到愤怒、羞愧，同时有厌世的情绪，他的朋友老刘得知情况后介绍他去找社会工作者小吴，他再三犹豫，还是没去，于是，老刘向小吴反映情况，小吴主动找到老江。此时，小吴最适宜的做法是（　　）。

A. 激发老江寻求服务的动力和信心

B. 邀请老刘参与制订服务计划

C. 缓和老江与子女之间的紧张关系

D. 巩固老刘和老江之间的友谊

28. 某社区居民老王到街道办事处申请低保，因为前期提交的材料不全，他花了些时间补齐材料。再次提交后，老王认为工作人员答复不够及时，对居委会的社会工作者抱怨说："他们办事的速度太慢了，我补了材料他们却迟迟不回复，这不是刁难人嘛，他们是故意不给我办吧……"从同理关怀的角度看，社会工作者最适宜的回应是（　　）。

A. "我知道您很生气，但我们也没有办法……"

B. "申请还没有回复消息，您再等等，一定没有问题……"

C. "申请没有回复消息，您觉得生气和不清楚，也开始怀疑他们了……"

D. "您对申请的进度不满意，感到失望，也开始怀疑能不能申请到低保……"

29. 社会工作者："小萍，我们归纳一下，你刚才讲的主要有两点，第一是疫情期间在家上网课，缺少学习氛围，有点松懈，学习状态和效率都让你不满意；第二是明年要毕业了，究竟是考研、出国还是回老家找份工作，你有点迷茫。你看我说的有遗漏吗？"上述表述中，社会工作者运用的谈话技巧是（　　）。

A. 澄清

B. 摘要

C. 对焦

D. 反映

30. 某社会工作服务机构运用小组工作方法为自闭儿童及其家长提供了一系列服务。下列小组中，符合支持小组特点的是（　　）。

A. 针对自闭症儿童家长的照顾知识培训小组

B. 针对自闭症儿童的社会交往能力提升小组

C. 针对自闭症儿童家长的“倾听心声”小组

D. 针对自闭症儿童的绘画技能技法培训小组

31. 某医院的社会工作者小文最近发现前来就诊的部分儿童有些行为问题，为此小文为他们设立行为治疗小组。从治疗模式的实施原则出发，小文的恰当做法是（　　）。

A. 运用心理学、社会工作等跨学科的知识和技巧，帮助儿童养成良好习惯

B. 运用催化、刺激、示范、提供咨询等技巧，促进组员之间的开放与互动

C. 通过趣味小组活动促进组员之间相互分享和帮助，培养儿童自我发展的能力

D. 鼓励儿童相互之间面对面互动，帮助儿童培养自我发展的能力

32. 社会工作者小王正在设计邻里互动小组中的最后一节活动“邻里茶话会”。她的活动设计方案中包括茶话会的目标、参与者信息、活动流程、时间安排、组员角色、场地布置、活动成效评估方法、预计困难及应对措施。项目主任提醒她在方案中还应该包括（　　）。

A. 茶话会的经费预算表

B. 互助小组的发展方案

C. 居民对茶话会的建议

D. 对该社区的情况介绍

33. 某中学初一新生入学后，部分学生在学习和人际交往方面不适应。为此，学校社会工作者小徐设立了一个 8 节课的成长小组。下列四个场景中，最符合小组中期转折阶段里组员常见特征的是（　　）。

A. 组员小丁担心在小组讨论中说错话，表现比较被动，经常一言不发

B. 组员小王经常对小徐安排的小组活动提出质疑，并常指责其他队员

C. 组员小李比较积极，主动向大家分享自己提升人际交往能力的经验

D. 组员小赵有些伤感，认为小组结束后要忙于学习，不如再增加几次活动

34. 社会工作者小艾在社区招募了11名儿童，设立了一个教育小组，旨在培养他们的良好学习习惯。小艾发现从第二节课起，一些组员就不来参加小组活动了。到了第四节课，只剩下5名组员坚持参加活动。小艾为此很苦恼，并怀疑自己的能力，寻求督导者老王的支持，老王的下列做法中，最恰当的是（　　）。

A. 指出小艾发现组员流失时，未考虑小组发展方向的问题，也没寻求督导的支持

B. 向小艾询问小组发展过程，指出服务出现问题会影响机构在社区的公信力

C. 帮助小艾分析小组进程，共同找出导致组员流失的原因，即小组目标不明确

D. 指出小艾没有就小组活动开展细节征求督导者意见，最终导致小组服务效果不佳

35. 学校社会工作者小方发现小学五年级部分学生的生活自理能力和人际交往能力较差。为此，小方拟在学校开设一个“我是小能人”的小组，旨在提升学生的动手能力，让学生学习与同学和睦相处的技能。从小组成员介入的层面看，小方最适宜的做法是（　　）。

A. 通过奖励，鼓励学生积极参与生活自理小故事的分享

B. 通过制定小组规范，帮助学生整合动力和增强凝聚力

C. 通过角色扮演的方法，促进学生学习人际交往技巧

D. 通过邀请专家，协助学生寻求与同学和睦相处的关注点

36. 在一个社区居民骨干志愿服务能力提升小组的第四次活动中，有几位组员因观点不同争执起来，都希望社会工作者小李支持他们的看法。此时小李决定运用焦点回归法来处理组员的争执，其最适宜的回应是（　　）。

A. “各位刚才的做法扰乱了小组秩序，希望以后大家注意一下自己的言行。”

B. “我很高兴看到大家愿意表达自己的看法，只有相互交流，才能实现小组目标。”

C. “我认为李阿姨的观点比较契合实际，王大爷的说法有点太偏激了，不太可行。”

D. “刚才大家对志愿者队伍建设有不同意见，其他人还有什么意见想谈谈吗？”

37. 某社会工作服务机构参与本地脱贫攻坚工作，制定了一系列工作目标。根

据社区工作目标的分类，下列目标中，属于过程目标的是（　　）。

A. 开发本地旅游资源

B. 引进用工规模较大的企业

C. 改善农田水利设施

D. 增强本地人对发展的信心

38. 地区发展模式强调鼓励居民参与社区事务，通过自主互助方式解决社区问题，推动社区发展。下列工作内容中，体现社会工作者“教育者”角色的是（　　）。

A. 主持会议，引导居民表达对社区问题的看法，提出改善建议

B. 组织本社区的在职党团员开展入户关怀服务，推动社区互助

C. 招募社区青少年，协助开展社区环境调查，提升其环保意识

D. 组建妇女园艺小组，鼓励居民分享经验，提升家庭生活品位

39. 某社会工作服务机构承接了某街道办事处“社区微治理”项目，计划在 4 个社区开展服务。为了尽快进入社区，让社区居委会和社区居民认识并熟悉自己，社会工作者最适宜采取的工作方式是（　　）。

A. 了解居民的生活习惯

B. 观察社区的周边环境

C. 参加社区的传统活动

D. 分析社区的权力结构

40. 某社区附近河堤周边杂物堆积、污染严重，社区居民和辖区单位都深受其害，整治河堤周边的污染成为老大难问题。针对该问题，社会工作者进行了多次调研。在一次专题讨论会上，社会工作者小李提出，居民对污染问题虽有抱怨，但他们也希望参加整治行动。从社区问题分析的角度看，小李所提观点的出发点是（　　）。

A. 明确问题影响范围

B. 寻找问题解决动力

C. 理解居民体验感受

D. 探讨问题解决方法

41. 为了深入了解社区内权力结构状况，社会工作者应开展的工作是（　　）。

A. 查阅户籍登记资料，获取居民受教育程度的分布情况

B. 走访长期居住在社区内的老年人，了解当地风俗习惯

C. 在参与社区活动时，观察不同组织和个人承担的角色

D. 了解目前社区服务的内容和居民使用这些服务的情况

42. 社会工作者小吴带领项目团队在某村开展为期 3 年的服务，根据当地农牧业生产特点和村落文化，先后推动成立了“养羊协会”，开办了“农家棋牌室”，并邀请能人传授木雕制作技艺。近期，机构要对项目进行整体评估。下列评估内容中属于成果评估的是（　　）。

A.“农家棋牌室”的经费支出

B. 小吴管理项目团队的表现

C.“养羊协会”入会人员数

D. 木雕制作课程的进度情况

43. 社会工作者小王为了建设空巢老人的社区支持网络，鼓励社区内的老人成立了摄影小组。最近小王发现，新加入摄影小组的居民老刘和组长老李在活动时几乎不交流，小王私下了解得知，老刘和老李两人曾因为噪音扰邻问题有过争吵。针对这一情况，小王适宜的做法是（　　）。

A. 建议老刘暂时先退出摄影小组

B. 劝说老李不要再担任小组的组长

C. 帮助老刘和老李解开矛盾心结

D. 向老刘和老李提出组内相处建议

44. 某养老机构在拟定整体规划时，强调要为有需要的老人提供心理疏导和人文关怀服务。下列表述中，属于运作性计划的是（　　）。

A. 促进入住老人的身心健康发展

B. 协助老人同家属每日在线沟通

C. 协调跨专业团队提供全面照顾

D. 对有需要的老人开展危机干预

45. 社会工作者小马计划在某社区开展一个针对未就业青年的服务项目，并积极争取基金会资助。在项目设计阶段，小马在充分了解未就业青年的问题和需求后，接下来首先要做的工作是（　　）。

A. 制定项目工作目标

B. 规划项目服务内容

C. 确定项目评估方法

D. 编制项目资金预算

46. 社会工作者小张最近刚刚晋升为某社会工作服务机构主管，拟采用民主型领导方式管理员工。小张的下列做法中，符合该领导方式的是（　　）。

A. 基于团队共识，修订部门规章制度及工作准则

B. 更多关注工作任务完成情况，与下属保持距离

C. 善用主管权力和工作纪律，引导下属自觉服从

D. 尽可能事无巨细，亲力亲为，慎重地使用授权

47. 社会福利领域是一个人力资源密集的行业，主要依靠社会工作者的专业能力为服务对象提供高质量的服务。从人力资源管理的角度看，社会工作服务机构所面临的外部压力是（　　）。

A. 社会工作者的工作动力维系

B. 社会工作者的服务技术更新

C. 社会工作者对社会认同的适应和接纳

D. 社会工作者面对的社会问题复杂多变

48. 社区在抗击新冠肺炎疫情中发挥着关键作用，为了解决社区居委会人手不足的问题，上级政府紧急动员政府职能部门、失业单位工作人员到社区担任志愿者，支援疫情防控工作，为了让志愿者尽快胜任工作，社区社会工作者对志愿者进行了分组分工，明确了服务时间和频次，并进行了岗位培训，从志愿者人力资源管理的角度看，上述做法体现的管理职能是（　　）。

A. 规划

B. 领导

C. 组织

D. 控制

49. 某社会工作服务机构总干事老张在机构年度报告中，就机构理事会、监事会调整事宜向员工代表大会进行汇报说明，并介绍质询，老张的做法属于（　　）。

A. 政治交代

B. 专业交代

C. 服务交代

D. 行政交代

50. 中共中央、国务院印发的《国家积极应对人口老龄化中长期规划》明确提出要建立和完善老年健康服务体系，依据我国现行的社会福利行政体系，该职能归属于（　　）。

A. 民政部

B. 国家卫生健康委员会

C. 国家医疗保障局

D. 人力资源和社会保障部

51. 社会工作者小王一直觉得自己在个案服务方面进步较慢，小王的督导者老张虽然很有经验，但由于同时管理多个服务项目和督导多名社会工作者，因此每次个案督导的时间十分有限。老张得知小王的想法后，让小王在每次接受督导前明确自己的疑惑及需要讨论的内容，打印好个案服务记录，以便提高督导的针对性。从社会工作督导的一般过程看，上述活动属于的工作阶段是（　　）。

A. 督导前期

B. 开展期

C. 工作期

D. 结束期

52. 社会工作者小琴最近休完产假回机构上班，她既要工作，又要照顾孩子，感觉十分忙乱，难以应付。在一次督导面谈中，小琴向督导者老丁讲述了自己的困扰。老丁的下列做法中，最能体现社会工作督导教育功能的是（　　）。

A. 帮助小琴缓和情绪，缓解其精神压力，并给予她生活上的关心和支持

B. 向机构负责人反映小琴的情况，呼吁机构关注“新妈妈”的实际困难

C. 与小琴分享时间管理、冥想、放松等技巧，帮助她减轻多重角色压力

D. 调整小琴的工作岗位和工作内容，采用弹性工作方式，方便其照顾孩子

53. 根据禁毒部门的要求，社会工作者需要排查机构服务辖区内登记在册的吸毒人员，社会工作者小薛在排查过程中时常遇到服务对象不配合的情况，觉得工作压力大，向督导者老刘咨询，从支持性督导角度看，老刘适宜的做法是（　　）。

A. 与小薛探讨社会工作者职业定位和责任

B. 为小薛讲解服务对象的主要类型及特点

C. 为小薛示范与服务对象接触的沟通技巧

D. 同小薛梳理服务过程中产生的焦虑情绪

54. 新冠肺炎疫情期间，某市社会工作者协会提议本市的社会工作者可以多开展同辈督导，提升社会工作者应对突发公共卫生事件的专业能力。在组成同辈督导团体时，适宜采用的技巧是（　　）。

A. 清楚了解参与成员的期待

B. 强调定期且持续地进行

C. 关注参与成员的潜在感受

D. 提供可行的方法和技术

55. 为消除社会工作者在服务方案设计与评估方面的困惑，老张在开展团体督导时，组织大家就社会工作服务方案的需求评估、理论假设、服务内容设计与服务效果评估等进行讨论，并带领大家对各部门的核心内容进行提炼，在督导结束前再次进行归纳，帮助大家对社会工作服务方案形成清晰、全面的认识。老张在此次团体督导中，主要运用的主持技巧是（　　）。

A. 分享经验

B. 增进共识

C. 段落总结

D. 提供示范

56. 关于社会工作研究方法论的说法，正确的是（　　）。

A. 实证主义方法论注重对现实社会生活进行干预和改造

B. 女性主义方法论强调价值取向并擅长使用结构访谈法

C. 反实证主义方法论注重通过互为主体的互动生成知识

D. 建构主义方法论强调经验事实先于主观的理论而存在

57. 关于定性研究的说法，正确的是（　　）。

A. 研究假设可以在研究过程中逐步形成并完善

B. 研究者一般被视为外人，以体现其价值中立

C. 该方法主要收集和分析可量化、可操作的资料

D. 该方法适用于研究问题已有大量资料的情形

58. 社会工作者小张为机构撰写了残障人士精准救助项目总结报告。下列内容中，属于项目总结报告中服务效果的是（　　）。

A. 项目为残障人士进行家居环境改造的施工计划

B. 项目推动残障人士生活质量提高的维度和程度

C. 项目为肢体残障人士免费提供助行器的经费来源

D. 项目了解残障人士医疗保障需求的资料收集方法

59. 某村共有 30 名儿童，社会工作者计划为他们开展自信心提升服务项目，拟采用标准实验设计来研究项目效果，下列做法中，符合该研究设计要求的是（　　）。

A. 按方便抽样原则抽取 10 名儿童参加项目

B. 让有兴趣和意愿的儿童自己报名参加项目

C. 按困难程度将儿童分为两组且其中一组参加项目

D. 用抓阄方法将儿童分为两组且其中一组参加项目

60. 社会工作者小王采用深度访谈的方法，收集社会工作服务机构参与儿童保护服务的资源，小王在深度访谈时应该（　　）。

A. 通过随机抽样的方法来选择被访者

B. 实现围绕研究的问题提出研究假设

C. 根据互动情况调整需要了解的问题

D. 严格按照事先设计的问题进行访谈

二、多项选择题（共 20 题，每题 2 分。每题的备选项中，有 2 个或 2 个以上符合题意，至少有一个错项。错选，本题不得分；少选，所选的每项得 0.5 分）

61. 社会工作者小安参与新冠肺炎疫情防控工作：协助社区工作者完成疫情统计数据日报，掌握“线上社区防控工作群”和“线上小区居民群”动态；采用线上视频直播等方式开展兴趣类、亲子类、咨询类活动。上述小安的工作，体现了社会工作者角色的有（　　）。

A. 政策影响者

B. 资源筹措者

C. 服务提供者

D. 行政管理者

E. 关系协调者

62. 某老旧社区独居及空巢老人较多，为该社区提供服务的社会工作服务社区志愿者组建“老来乐小分队”，定期探访独居、空巢老人。上述行为属于社会工作服务领域的有（　　）。

A. 医务社会工作

B. 老年社会工作

C. 社区社会工作

D. 家庭社会工作

E. 社会救助社会工作

63. 关于社会工作伦理守则基本内涵的说法，正确的有（　　）。

A. 社会工作要满足贫困人士的基本生存需要，尽最大努力促进社会正义

B. 社会工作的核心目的是服务有需要的人群，改善其困境，促进其自立

C. 社会工作坚持服务导向，以服务对象的利益为重，保障他们的基本权利

D. 社会工作注重从社会整体的功能和效率出发，减少人际冲突，促进社会和谐

E. 社会工作最核心的是从人的尊严和价值出发，服务困难人群，增强个体能力

64. 90 岁的侯爷爷住在养老机构，他找到社会工作者小李，希望小李帮忙让 62 岁的儿子也住进机构，并让儿子代替护理员照顾自己。小李告知老人，可以帮忙向机构申请让其儿子登记入住，但机构不允许 60 岁以上的老人担任护理员。小李的做法体现了（　　）。

A. 社会工作者对同事们的伦理责任

B. 社会工作者对全社会的伦理责任

C. 社会工作者对服务机构的伦理责任

D. 社会工作者对服务对象的伦理责任

E. 社会工作者作为专业人员的伦理责任

65. 某小学的学生多是留守儿童，学校社会工作者根据这一状况，开展了“逆风同行”儿童抗逆力小组服务。一方面帮助儿童建立自信，正视逆境，挖掘潜能；另一方面引导儿童主动与小伙伴沟通，建立信任，争取同伴支持。上述服务，满足了留守儿童的（　　）。

A. 生理需要

B. 归属的需要

C. 安全需要

D. 尊重的需要

E. 自我实现的需要

66. 某社会工作服务机构正在策划夏令营的系列活动。社会工作者小梅在了解营员的需求时发现，有些孩子有被家长打骂的经历。她决定依据增强权能理论，开展儿童权利保护的服务，其恰当的做法有（　　）。

A. 倡导儿童学会运用媒体资源，对外曝光家长的行为

B. 协助儿童排演宣传儿童权利的小品，邀请家长观看

C. 协助儿童掌握紧急状态时的求助方法，以保护自己

D. 帮助儿童认识到自己被打骂是因为犯了错，应该改正

E. 组织儿童学习《中华人民共和国未成年人保护法》，认识自己的权利

67. 高三学生小红希望能考上重点大学，但平时学习成绩较差，觉得老师总是针对自己，害怕与老师交流。一天，她与母亲因小事发生争吵，并对母亲大吼："都是你的错！我这个样子都是你跟我爸离婚造成的，现在所有人都看不起我，不如死了算了。"社会工作者小顾决定运用理性情绪治疗模式为小红提供服务。下列小顾的做法中，体现了"非理性信念检查"技巧的有（　　）。

A. 与小红分享自己处理亲子间冲突的经验

B. 鼓励小红在遇到问题时主动向老师请教

C. 让小红具体描述与母亲冲突时自己的情绪和行为

D. 帮助小红识别其观念中不符合实际的绝对化思维

E. 建议小红降低期望并选择适合自己的专业和学校

68. 小周因家庭琐事与公婆发生矛盾，一气之下带着孩子搬回娘家。社会工作者小吴了解到小周与公婆的矛盾是生活习惯和孩子教育问题引起的，拟运用任务中心模式为其开展服务。小吴开展服务的前提包括（　　）。

A. 小周明白与公婆存在沟通不良的问题

B. 小周承认沟通不良是当前面临的问题

C. 小周确认自己愿意处理沟通不良问题

D. 小周希望通过人格发展提升沟通能力

E. 小周愿意通过回忆童年经历反思自我

69. 小陆在县城读书，高考结束后，回到村里才知道自己家的房屋被洪水冲毁，母亲遇难，父亲因伤心过度而病倒，失去劳动能力。小陆无法承受这一切，整日神情恍惚。社会工作者小赵接案后，决定用个案管理方式开展服务。下列做法中，体现个案管理协调者角色的有（　　）。

A. 鼓励小陆积极准备未来的学习生活

B. 联系多个机构共同为小陆提供服务

C. 整合多渠道资源帮助小陆渡过难关

D. 评估各方面为小陆提供服务的成效

E. 独立为小陆一家设计整套服务方案

70. 在一次单亲妈妈小组讨论中，组员小芳总是心不在焉，一直沉默不语，这时，社会工作者适当的做法是（　　）。

A. 通过家访，进一步了解小芳沉默不语的原因

B. 采取交流讨论的方式，帮助小芳树立发言信心

C. 给小芳布置家庭作业，练习公共场合表达技巧

D. 准备纸和笔，让组员以不记名方式写下心里话

E. 抓住一切时候，引导小芳表达自己的感受

71. 社会工作专业实习生小林设立了一个青少年成长小组，在小组活动开始时，小林问大家以后想从事什么样的工作，组员们一脸茫然，纷纷回答：“没想过”“不知道”。活动结束后，小林觉得组员不配合，感觉很受挫，向督导者诉说，督导者为他示范了小组活动开场的技巧，下列表述中，运用了开场技巧的有（　　）。

A.“首先让我们来想象一下 10 年后的自己会是什么样子的。”

B.“我在像你们一样大的时候也很茫然，对未来有许多不确定。”

C.“这里有几张图片，大家选一张，根据图片描述一下自己的未来生活。”

D.“是不是大家对未来觉得迷茫？那我们一起来谈谈迷茫的原因，好吗？”

E. “我们今天讨论三个问题：以后想做的工作、工作的前景、需要具备的能力。”

72. 社会工作者小孙准备为社会空巢老人设立一个互助小组，旨在减少空巢老人的孤独感，帮助他们建立社会支持网络。小组设立初期，为了对参加小组的老人进行需求评估，小孙宜采取的做法有（　　）。

A. 查阅相关研究文献，运用抑郁自评量表等方式了解小组的效果

B. 设计空巢老人需求状况调查问卷，并协助参加小组的老人填写

C. 鼓励参加小组的老人说出自己的需求，并用卡片形式记录下来

D. 基于组员特征，对其家庭情况、社区资源进行调查并形成报告

E. 小组设立前，让老人根据自己的实际情况填写满意度调查问卷

73. 新冠肺炎疫情期间，某社会工作服务机构在社区居委会的支持下，着手组建一支青年志愿者团队，为居家隔离居民代购常用药品，并送药上门。在团队组建之初，社会工作者的主要工作有（　　）。

A. 订立团队的服务规则

B. 分析服务对象的特点

C. 推选团队工作带头人

D. 明确团队的分组分工

E. 讨论团队的持续发展

74. 小区物业管理公司是社区工作者经常打交道的合作单位之一。为了充分认识物业管理公司，社会工作者应了解的情况有（　　）。

A. 物业管理公司的财务收支账目

B. 物业管理公司的社会责任意识

C. 物业管理公司的人事考勤记录

D. 物业管理公司的发展目标和组织结构

E. 物业管理公司关键决策人的价值取向

75. 某社会工作服务机构在社区培育了一支青少年志愿服务队，鼓励队员参与社区“微更新”行动，在实践过程中服务社区、促进自我成长。从体验学习的角度看，下列活动中，属于结构化体验的有（　　）。

A. 通过设计师的指导，完成并盖涂鸦文创

B. 通过角色扮演，展现社区邻居互助行动

C. 通过团体游戏，学习在团队合作中美化楼道

D. 通过情景再现，反映部分居民乱丢垃圾的行为

E. 通过社区工作者指导，完成社区环境问卷设计

76. 某社会工作服务机构聘请一名资深社会工作者担任机构督导者，聘用期满后，双方就督导的效果进行了总结评估。下列评估中，可用于评估社会工作督导者效果的有（　　）。

A. 被督导者与机构同事相处情况

B. 被督导者服务质量的提高速度

C. 被督导者情绪状态的稳定程度

D. 被督导者对督导工作的满意度

E. 被督导者工作胜任力提高程度

77. 某社会工作服务机构设计了“儿童自助图书馆”项目，旨在促进困境儿童参与图书馆规范建设和借阅服务。该项目借助某网络公益平台发布信息，进行公益众筹。为了争取网民对项目的支持，社会工作者应着力做好的工作有（　　）。

A. 描述项目产出的关键特征和前景

B. 运用图片和视频等展示项目价值

C. 利用朋友圈和微博扩散项目信息

D. 增加机构和困境儿童的接触机会

E. 植入优惠信息，吸引网民购买奖品

78. 督导在社会工作专业发展中扮演重要角色。具体而言，建立督导制度有助于（　　）。

A. 持续改善和更新服务技术

B. 提供有效服务以满足社会需求

C. 促进机构运行和管理有序

D. 促进机构和志愿者的良好沟通

E. 获得社会肯定和专业认可

79. 小组活动结束后，督导者老叶首先认真听取了社会工作者小刘对小组活动的介绍，分享了与组员讨论小组契约的经验，接着评估此次活动目标是否实现，最后指出了下次活动的注意事项。上述做法中，老叶运用的督导技巧有（　　）。

A. 疑问

B. 建议

C. 聆听

D. 补充

E. 评价

80. 社会工作研究中常常会使用一些统计资料。为了保证研究质量，社会工作者必须对这些统计资料进行审核。下列研究工作中，属于统计资料审核的有（　　）。

A. 选择统计资料的分析方法

B. 探究统计资料中指标转换的可能

C. 对统计资料进行逻辑检查

D. 明确统计资料中各项指标的含义

E. 了解统计资料的具体来源

附录 4：社会工作实务（中级）真题

一、案例分析题（20 分）

因相邻市场发现了新冠肺炎确诊患者，某社区被划定为疫情高风险地区，紧急实施封闭式管理。

在该社区实施封闭式管理期间，有的残疾人暂时中断了康复治疗；有的独居老人日常生活受到严重影响，亲友也无法上门照顾；有的孩子因对病毒产生恐惧，无法正常学习和生活；部分辖区居民因生活诸多不便而情绪激动，甚至提出一些不合理的要求。

为了解决上述问题，社会工作者在社区党组织的领导下，积极发挥专业优势，推动多方联动，参与抗疫行动。社会工作者利用社区资源图和社区组织名录，动员社区商户为居民调配急需的生活用品；社会工作者认真分析社区各方力量的特点，创造机会，推动驻社区单位代表、社区社会组织代表和社区志愿者等为社区特殊人群提供服务。在此过程中，社会工作者尤其注重动员和培育社区居民骨干积极参与上述各项服务。

问题：

1. 社会工作者可以为该社区提供哪些服务？
2. 在本案例中，社会工作者从哪几个方面推动了多方联动？

二、案例分析题（20 分）

在开展学校社会工作服务过程中，社会工作者经常遇到以下困惑：有些学生有求助解决个人问题的意愿，但由于学校学习任务重、作息制度严，因此无法接受较长时间的个案面谈辅导；有些学生有青春期困扰、异性交往、亲子关系等私密问题需要咨询，但羞于与他人进行面对面的交流。社会工作者在进行疑难复杂的个案面谈辅导时，也会出现思考不周、应对欠妥的情况。

社会工作者结合以上实际情况，将传统的个案工作服务形式进行了延伸，在面对面辅导的同时，增加了“社工信箱”的服务形式，通过设置信箱和广泛宣传，邀请学生将自己的困扰和需求写在纸上并投递到信箱，社会工作者阅读信件并组织回信，给予来信求助的学生及时辅导。

问题：

1. 本案例中的“社工信箱”与传统的个案工作服务形式相比，有哪些创新点？

2. 社会工作者收到学生来信后，应采取哪些具体措施以保证服务质量？

三、案例分析题（20 分）

小明今年 10 岁，一年前父亲因车祸去世，母亲离家不知所踪，小明与 70 岁的爷爷相依为命。社会工作者小顾通过家庭走访和查阅资料，了解到小明因目睹了父亲的车祸惨状，常常半夜惊醒，有时会突然大声尖叫，并伴有攻击性行为。为补贴家用，爷爷捡拾废品，家中和楼道堆满杂物，小明身上总有异味，爷爷年事已高，对小明的照顾越来越力不从心，小明常常逃学，整日在外游荡，考试成绩差，经常遭到爷爷打骂。

为回应小明的多元化需求，小顾采用个案管理的方法，与小明和爷爷多次沟通，共同制订整套服务计划，在征得他们的同意后开展服务：联系儿童医院的心理治疗师对小明的创伤后症状开展游戏辅导；推荐小明参加社区“四点半课堂”；动员社区志愿者为小明和爷爷提供生活照料服务；通过慈善总会对接爱心企业，为小明申请到一笔救助金，缓解了家庭的经济压力。小顾对上述服务进行了持续追踪和监督。

问题：

1. 分析案例中小明的需要。

2. 分析社会工作者小顾在上述工作中遵循了哪些个案管理原则。

四、案例分析题（20 分）

某社区的一些家庭，亲子关系紧张，冲突频发，家长十分焦虑。为此，社会工作者采用“父母效能训练模式”为这些家长设立亲子教育小组，小组活动共分为六节。以下对话节选自第一节和第六节的过程记录。

第一节：

社会工作者：“感谢家长 A 的分享，我们来听其他家长在亲子关系中的问题，请大家畅所欲言。”

家长 B：“我跟 A 一样，我天天苦口婆心，好言相劝，希望孩子能好好学习，可是她居然说我像唐僧一样，唠唠叨叨。”

家长 C：“我儿子更过分，我只数落了他几句，他居然把门一摔，好几天不跟我说话。越这样，我越说！”

家长 D：“这是典型的青春期叛逆，讲道理有什么用？我家孩子也是一样，就得打！”

第六节：

社会工作者：“咱们的小组活动快接近尾声了，请各位家长分享一下在小组中的收获吧。”

家长 E：“我收获很大，以前与儿子沟通的时候总是缺乏耐心，控制不住自己的情绪，其实在与孩子的关系中，我们家长的态度很重要。”

家长 C：“是啊，咱们做家长的谁不为孩子好，但也得注意方式方法。要学会向孩子表达自己的感受，别一味指责孩子，也要听听孩子的心声。”

家长 D：“而且不能随便给孩子贴上‘叛逆’的标签，这个阶段的孩子渴望独立，咱们做家长的应该给予更多的支持和理解。”

家长 A：“我们做家长的要给孩子树立榜样，平时注意交流方式，夫妻之间不能一言不合就吵架。”

家长 B：“一句话总结，我觉得我更会做家长了。”

问题：

1. 运用家庭系统理论，分析案例中亲子关系问题产生的原因。

2. 结合案例，说明该亲子教育小组实现了哪些具体目标。

五、方案设计题（20 分）

某地发生特大洪水，农田被淹，房屋被毁，企业停产，学校停课。社会工作服务机构协助政府部门及时疏散、转移和安置受灾群众。

社会工作者在救灾过程中发现，一些受灾群众因目睹家园被毁的场景而深陷痛苦，难以自拔；一些受灾群众害怕洪水再次来袭，时刻处于紧张、无助和恐惧的状态；一些受灾群众认为邻居分配到的饮用水、衣被等应急救助物资比自己多，心生不满，导致邻里关系紧张；还有一些受灾群众担心灾后生计问题，整日忧心忡忡，寝食难安。

要求：设计一个灾害救助社会工作服务方案，只需列出灾后救助的不同阶段，以及各阶段对应的服务目标和主要服务策略。

附录 5：社会工作法规与政策（中级）真题

一、单项选择题（共 60 题，每题 1 分。每题的备选项中，只有 1 个最符合题意）

1. 党的十九大报告明确提出要加强社会治理制度建设，完善党委领导、政府负责、社会协同、公众参与、法治保障的社会治理体制，提高社会治理（　　）水平。

A. 社会化、法治化、智能化、专业化

B. 精细化、标准化、规范化、专业化

C. 法治化、专业化、智能化、信息化

D. 公开化、透明化、多元化、体系化

2. 根据《关于加强社会工作专业人才队伍建设的意见》，下列事业单位中，可将社会工作专业岗位明确为主体专业技术岗位的是（　　）。

A. 职业教育机构

B. 医疗卫生机构

C. 基层文化机构

D. 老年人福利机构

3. 根据《民政部 财政部关于政府购买社会工作服务的指导意见》，政府购买社会工作服务，原则上应采用的方式是（　　）。

A. 公开招标

B. 邀请招标

C. 竞争性谈判

D. 单一来源采购

4. 根据《最低生活保障审核审批办法（试行）》，关于低保家庭复核的说法，正确的是（　　）。

A. 老陈，城市“三无”人员家庭，可不复核

B. 老张一家，非农业户口，儿子重度残疾，家庭收入基本固定，可每季度复核一次

C. 老林一家，非农业户口，短期内家庭经济状况和家庭成员基本情况相对稳定，可每半年复核一次

D. 老秦一家，农业户口，有劳动能力，家庭收入来源不固定，可每年复核一次

5. 根据《国务院关于全面建立临时救助制度的通知》，关于临时救助的说法，正确的是（　　）。

A. 临时救助申请须本人提出，不得委托他人

B. 对于持有当地居住证的个人提出的临时救助申请，由当地乡镇人民政府（街道办事处）受理

C. 申请人提供相应证明材料后，方可受理临时救助申请

D. 临时救助金应当支付到救助对象个人账户，不得直接发放现金

6. 根据《社会救助暂行办法》，负责社会救助申请受理、调查审核的是（　　）。

A. 村民委员会、居民委员会

B. 乡镇人民政府、街道办事处

C. 县级人民政府民政部门

D. 县级人民政府财政部门

7. 根据《社会救助暂行办法》，关于就业救助的说法，正确的是（　　）。

A. 公共就业服务机构为就业救助对象提供职业介绍服务，应当按规定合理收取费用

B. 吸纳就业救助对象的用人单位享受免征企业所得税、免除行政事业性收费的待遇

C. 就业救助对象拒绝接受介绍的工作，民政部门可以取消其最低生活保障待遇并收回已发放的低保金

D. 就业救助的方式包括贷款贴息、社会保险补贴、岗位补贴、培训补贴、费用减免、公益性岗位安置等

8. 李大爷为特困供养人员，被安置在养老院集中供养。某日，李大爷听说还有住房救助政策，便准备申请。根据《社会救助暂行办法》，关于李大爷住房救助申请的说法，正确的是（　　）。

A. 李大爷符合公共租赁住房申请条件

B. 李大爷符合领取住房租赁补贴条件

C. 李大爷符合领取农村危房改造补贴条件

D. 李大爷不符合住房救助申请条件

9. 根据《城乡医疗救助基金管理办法》，关于城乡医疗救助基金使用的说法，正确的是（　　）。

A. 救助方式以门诊救助为主，同时兼顾住院救助

B. 城乡医疗救助基金的救助对象是无劳动能力的老年重症患者

C. 城乡医疗救助基金要首先确保资助救助对象全部参加基本医疗保险

D. 对未参加基本医疗保险的救助对象个人自负的医疗费用，不予救助

10. 社区里的四位老人谈论起“救助站”的话题。吴大爷说：“我的养老金不高，以后到外地旅游，可以找救助站免费吃住。”李大爷脑袋一晃，说道：“想得美，那吃住可不是免费的，要干活，得劳动。”章大爷接过话茬：“进了救助站，还得说出自己的真名实姓……”陈大爷抢着说：“救助站也就给个吃住，犯个心脏病什么的，就不管了。”根据《城市生活无着的流浪乞讨人员救助管理办法》，四位老人的说法，正确的是（　　）。

A. 吴大爷的说法

B. 李大爷的说法

C. 章大爷的说法

D. 陈大爷的说法

11. 根据《女职工劳动保护特别规定》，企业对下列女职工的劳动时间安排，正确的是（　　）。

A. 小丽，怀孕 5 个月流产，企业准予其享受 15 天产假

B. 小莲，怀孕 7 个月，在劳动时间内进行产前检查，企业将产检所需时间折半计入劳动时间

C. 小琴，怀孕 8 个月，企业安排其每周加班 5 个小时

D. 小芳，哺乳 6 个月大的儿子，企业在其每天劳动时间内安排 1 小时哺乳时间

12. 根据《国务院关于加快发展养老服务业的若干意见》，关于养老服务业税费优惠的说法，正确的是（　　）。

A. 国家对非营利性养老机构减半征收城镇土地使用税

B. 国家对非营利性养老机构建设减半征收有关行政事业性收费

C. 养老机构用电用水等按商业经营类价格优惠执行

D. 境内外资本举办养老机构享有同等的税收等优惠政策

13. 小林，17岁，独自一人在农村老家生活和学习。父母外出务工，无法履行对小林的监护职责。根据《中华人民共和国未成年人保护法》，关于对小林监护职责的说法，正确的是（　　）。

A. 小林父母应当委托有监护能力的其他成年人代为监护

B. 小林父母可以不委托监护人，但要保证小林的生活学习费用

C. 如果小林父母没有委托监护人，应当由小林所在学校承担监护职责

D. 如果小林父母没有委托监护人，应当由小林所在村民委员会承担监护职责

14. 某县拟建立残疾人法律救助工作站。根据《残疾人法律救助工作站管理规定》，该救助站应设立在（　　）。

A. 县民政局

B. 县司法局

C. 县人民法院

D. 县残疾人联合会

15. 根据《中华人民共和国民法典》及相关司法解释，下列婚姻关系存续期间所得但未作约定的财产中，归夫妻共同所有的是（　　）。

A. 一方生产、经营的收益

B. 一方专用的生活必需品

C. 一方父母出全资购买并登记在出资人子女名下的房产

D. 一方因身体受到伤害而获得的医疗费、残疾人生活补助费

16. 根据《中华人民共和国民法典》，收养关系成立的必经程序是（　　）。

A. 订立收养协议

B. 办理收养公证

C. 办理收养登记

D. 办理户口登记

17. 根据《中华人民共和国民法典》，关于法定继承的说法，正确的是（　　）。

A. 第二顺序继承人包括祖父母、外祖父母、孙子女、外孙子女和兄弟姐妹

B. 丧偶儿媳对公、婆尽了主要赡养义务的，作为第二顺序继承人

C. 继承人以外的、对被继承人扶养较多的人，可以继承被继承人的遗产

D. 继承开始后，如果没有第一顺序继承人继承，由第二顺序继承人继承

18. 根据《中华人民共和国民法典》，关于法定继承遗产分割的说法，正确的是（　　）。

A. 继承人协商同意的，可以不均等继承

B. 丧偶儿媳、女婿，应当继承其配偶应得份额

C. 代位继承人继承的份额应当少于其他法定继承人

D. 被继承人的遗产应当由被继承人的配偶继承一半

19. 根据《信访条例》，下列人员的行为，属于信访的是（　　）。

A. 老王因不满公司辞退决定，向劳动仲裁委员会申请仲裁

B. 老李在某社交平台抱怨小区物业公司对宠物扰民放任不管

C. 老张因不服某政府部门的处罚决定，向人民法院提起行政诉讼

D. 老赵通过市政府市民热线投诉某村民委员会主任对公益岗位的安排不合理

20. 根据《中华人民共和国人民调解法》，关于调解协议的说法，正确的是（　　）。

A. 达成调解协议前，当事人不得要求终止调解

B. 经人民调解委员会调解达成的调解协议具有法律约束力

C. 调解协议书自双方当事人签名、盖章或按指印起生效

D. 调解协议书生效后，当事人之间就调解协议内容发生争议的，人民调解委员会应当再次调解

21. 根据《中华人民共和国突发事件应对法》，发布突发事件警报后，有事实证明不可能发生突发事件或危险已经解除的，发布警报的人民政府应当采取的措施是（　　）。

A. 立即宣布解除警报，继续实施有关措施 24 小时

B. 持续观察 12 小时后，宣布解除警报和已经采取的有关措施

C. 立即宣布解除警报，终止预警期，并解除已经采取的有关措施

D. 立即解除已经采取的有关措施，逐级降低预警级别直至解除警报

22. 根据《中华人民共和国社区矫正法》，社区矫正对象符合刑法规定的减刑条件的，应当由（　　）提出减刑建议。

A. 村（居）民委员会

B. 社区矫正机构

C. 派出所

D. 基层人民法院

23. 根据《中华人民共和国禁毒法》，设置戒毒医疗机构应当符合国务院卫生行政部门规定的条件，报所在地的省、自治区、直辖市人民政府（　　）批准，并报同级公安机关备案。

A. 民政部门

B. 卫生行政部门

C. 司法行政部门

D. 市场监督管理部门

24. 根据《中华人民共和国英雄烈士保护法》，每年（　　）为烈士纪念日，国家在首都北京天安门广场人民英雄纪念碑前举行纪念仪式。

A. 4 月 5 日

B. 8 月 1 日

C. 9 月 30 日

D. 10 月 1 日

25. 根据《烈士褒扬条例》，国家对烈士遗属给予的抚恤优待应当随经济社会的发展逐步提高，保障烈士遗属的生活不低于（　　）。

A. 当地最低生活保障标准

B. 当地居民的平均生活水平

C. 全国城乡居民的平均生活水平

D. 全国城镇居民的平均生活水平

26. 林某，甲省乙县应征入伍，在一次武器装备科研试验中受伤致残。军队相关部门为其配制了假肢并安排了康复训练。康复训练结束后，林某继续服役。现因工作生活需要，林某需要配备代步三轮车。根据《军人抚恤优待条例》，林某的代步三轮车由（　　）负责解决。

A. 林某所在部队师级单位

B. 林某所在部队军级以上单位

C. 甲省人民政府民政部门

D. 乙县人民政府民政部门

27. 根据《军队离休退休干部服务管理办法》，军休干部管理委员会是在服务管理机构内（　　）。

A. 由地方政府部门设立的服务管理军休干部的机构

B. 由军队政治机关设立的服务管理军休干部的部门

C. 军休干部自愿组成的，实现会员共同意愿的社会团体

D. 军休干部自我教育、自我管理、自我服务的群众性组织

28. 根据《中华人民共和国城市居民委员会组织法》，召集和主持居民会议的主体是（　　）。

A. 社区党组织

B. 居民委员会

C. 业主委员会

D. 街道办事处

29. 某社区居民委员会为了推进居民自治，根据居民居住状况分设了 20 个居民小组。根据《中华人民共和国城市居民委员会组织法》，居民小组组长应由（　　）。

A. 居民小组推选产生

B. 居民代表会议协商产生

C. 居民代表会议推选产生

D. 居民会议选举产生

30. 根据《中华人民共和国村民委员会组织法》，村民委员会的选举，由（　　）主持。

A. 乡镇人民政府

B. 上届村民委员会

C. 村务监督机构

D. 村民选举委员会

31. 根据《民政部 财政部关于加快推进社区社会工作服务的意见》，鼓励社会工作专业人才通过（　　）进入城市社区党组织、社区居民自治组织、业主委员会。

A. 任命

B. 选举

C. 竞聘

D. 考试

32. 根据《中共中央 国务院关于加强和完善城乡社区治理的意见》，对于基层群众性自治组织承担的社区工作事项清单和协助政府的社区工作事项清单之外的其他事项，街道办事处（乡镇政府）可通过向基层群众性自治组织等（　　）方式提供。

A. 购买服务

B. 转移职能

C. 协商共治

D. 分派任务

33. 根据《中华人民共和国慈善法》，下列人员中，可以担任慈善组织负责人的是（　　）。

A. 甲，限制民事行为能力人

B. 乙，因故意犯罪被判刑，刑满释放刚刚满三年

C. 丙，某社会团体原会计，该社会团体三年前被依法取缔

D. 丁，某社会服务机构原负责人，该机构两年前被吊销登记证书

34. 某协会是依法设立的具有公开募捐资格的慈善组织，正在为一项为期三年的教育慈善项目开展公开募捐活动。根据《中华人民共和国慈善法》，该项目自启动之日起至项目结束之日止，该协会应当至少（　　）次公开项目实施情况。

A. 3

B. 6

C. 9

D. 12

35. 根据《慈善组织信息公开办法》，慈善组织应当将其接受捐赠的金额和用途在（　　）上向社会公开。

A. 民政部门提供的统一的信息平台

B. 业务主管部门的门户网站

C. 慈善组织自己的移动客户端

D. 慈善组织自己的官方公众号

36. 某社会工作服务机构开展农村留守老人关爱服务，需要招募几名志愿者为患有白内障的老人进行义诊。根据《志愿服务条例》，该机构此次招募志愿者的下列做法中，错误的是（　　）。

A. 在招募海报中写明开展服务的内容、时间、地点等信息

B. 向报名的志愿者说明服务中可能存在的风险

C. 招募未接触过相关医学知识的大学一年级新生

D. 直接与某志愿服务组织合作，由志愿服务组织负责招募志愿者

37. 某社会团体近期进行了换届。根据《民政部关于社会团体登记管理有关问题的通知》，下列人员中无须向登记管理机关办理备案手续的是（　　）。

A. 新当选会长的甲

B. 新当选副会长的乙

C. 继续担任秘书长的丙

D. 继续担任常务副秘书长的丁

38. 根据《民政部关于贯彻落实国务院取消全国性社会团体分支机构、代表机构登记行政审批项目的决定有关问题的通知》，关于社会团体分支机构的说法，正确的是（　　）。

A. 社会团体可在分支机构下再设立分支机构

B. 社会团体可以设立分支机构的名义收取管理费

C. 社会团体的分支机构不得以法人组织的名称命名

D. 社会团体的分支机构可根据需要结合实际制定章程

39. 根据《基金会名称管理规定》，经本人同意后，下列基金会拟使用自然人姓名作为基金会字号的情形，正确的是（　　）。

A. 甲非公募基金会使用当红影星何某的姓名作为字号

B. 乙非公募基金会使用曾因犯罪被判处剥夺政治权利的王某的姓名作为字号

C. 丙公募基金会使用“全国五一劳动奖章”获得者陈某的姓名作为字号

D. 丁公募基金会使用著名企业家李某的姓名作为字号

40. 根据《基金会管理条例》，下列基金会中，理事会人数符合规定的是（　　）。

A. 甲基金会，理事人数 3 人

B. 乙基金会，理事人数 5 人

C. 丙基金会，理事人数 30 人

D. 丁基金会，理事人数 50 人

41. 根据《财政部 税务总局关于非营利性组织免税资格认定管理有关问题的通知》，关于非营利性组织免税资格的说法，正确的是（　　）。

A. 非营利性组织免税优惠资格的有效期为 3 年

B. 社会团体享受免税的资格由其所在地市场监督管理部门审核确认并公布

C. 纳税信用等级由税务部门评定为 C 级的民办非企业单位，其免税资格应予以取消

D. 获得免税资格的基金会，工作人员平均工资薪金水平不得超过税务登记所在地的市级以上地区的同行业同类组织平均工资水平的 1.5 倍

42. 根据《中华人民共和国就业促进法》，下列人员的创业计划中，有关部门应当在经营场地等方面给予照顾并免除行政事业性收费的是（　　）。

A. 残障人士小王，拟个体经营一家面包房

B. 应届大学毕业生小李，拟开办一家服装厂

C. 退休工程师老张，拟开办一家高科技公司

D. 在一家餐厅工作的进城务工人员小刘，拟承包该餐厅

43. 根据《中华人民共和国劳动合同法》，关于非全日制用工的说法，正确的是（　　）。

A. 非全日制用工双方当事人应当订立书面协议

B. 非全日制用工试用期不得超过一个月

C. 非全日制用工劳动报酬结算支付周期最长不得超过一周

D. 终止非全日制用工，用人单位无需向劳动者支付经济补偿

44. 陈某，46 岁，2018 年 5 月与某机械设备公司签订了为期三年的劳动合同，约定从事清洁工作。2019 年 10 月，该公司人事部门将陈某调至车间做数控车工。陈某不同意公司改变约定的劳动条件，而公司则要求陈某服从安排，双方发生纠纷。根据《中华人民共和国劳动合同法》，关于解决双方纠纷的说法，正确的是（　　）。

A. 公司可以解除劳动合同，但应向陈某支付经济补偿

B. 公司可以解除劳动合同，且无需向陈某支付经济赔偿

C. 陈某可以解除劳动合同，且应获得经济补偿

D. 陈某可以解除劳动合同，但不能获得经济补偿

45. 根据《中华人民共和国最低工资规定》，关于最低工资标准的说法，正确的是（　　）。

A. 最低工资标准应由县级人民政府确定

B. 最低工资标准一般采用月最低工资标准和小时最低工资标准的形式

C. 最低工资标准不得低于当地上年度职工月平均工资的 30%

D. 最低工资标准至少每年调整一次

46. 根据《劳动争议调解仲裁法》，劳动争议申请仲裁的时效期间为（　　）。

A. 3 个月

B. 6 个月

C. 1 年

D. 2 年

47. 根据《劳动保障监察条例》，下列事项中，属于劳动保障行政部门实施劳动保障监察范围的是（　　）。

A. 机关工会维护职工权益的情况

B. 企业代扣代缴员工个人所得税的情况

C. 基金会为员工购买意外伤害保险的情况

D. 公司遵守工作时间和休息休假规定的情况

48. 根据《集体合同规定》，关于集体合同协商代表的说法，正确的是（　　）。

A. 职工一方可以聘请外单位人员担任首席代表

B. 用人单位可以聘请外单位人员担任首席代表

C. 双方首席代表轮流主持集体协商会议

D. 双方所有集体协商代表均应在集体合同草案上签字

49. 根据《集体合同规定》，用人单位和职工任何一方就签订集体合同有关事项提出集体协商要求的，另一方应当在收到集体协商要求之日起（　　）日内以书面形式予以回应。

A. 5

B. 10

C. 20

D. 30

50. 根据《“健康中国 2030”规划纲要》，我国要创新医疗卫生服务供给模式，全面建立成熟完善的分级诊疗制度，形成（　　）、上下联动、急慢分治的合理就诊秩序。

A. 基层首诊、双向转诊

B. 基层首诊、逐级转诊

C. 自由首诊、向上转诊

D. 自由首诊、向下转诊

51. 根据《中华人民共和国职业病防治法》，劳动者被诊断患有职业病，但用人单位没有依法参加工伤保险的，其医疗和生活保障由（　　）承担。

A. 劳动者本人

B. 劳动者所在用人单位

C. 劳动者所在工会

D. 用人单位所在地卫生行政部门

52. 根据《突发公共卫生事件应急条例》，突发公共卫生事件发生后，具体负责组织突发公共卫生事件调查、控制和医疗救治工作的部门是县级以上地方人民政府（　　）。

A. 民政部门

B. 公安机关

C. 司法行政部门

D. 卫生行政主管部门

53. 根据《实施<中华人民共和国社会保险法>若干规定》，关于职工基本养老保险个人账户处置方式的说法，正确的是（　　）。

A. 职工死亡后，其个人账户余额转入社会统筹账户

B. 职工家庭经济困难时，其个人账户可以提前支取

C. 职工在达到法定的领取基本养老金条件前离境定居的，其个人账户不予保留

D. 职工基本养老保险关系终止时，社会保险经办机构将其个人账户储存额一次性支付给本人

54. 根据《国务院关于建立统一的城乡居民基本养老保险制度的意见》，城乡居民（不含在校学生）参加基本养老保险的年龄最低为（　　）周岁。

A. 14

B. 16

C. 18

D. 20

55. 根据《国务院关于整合城乡居民基本医疗保险制度的意见》，城乡居民医疗基金政策范围内住院费用的支付比例保持在（　　）左右。

A. 55%

B. 65%

C. 75%

D. 85%

56. 甲公司承租乙公司的场地开办餐厅，由丙公司承包经营。由于人手不够，丙公司从丁公司借调厨师王某前来帮忙。王某在该餐厅工作时不小心被烫伤，但相关公司未约定工伤补偿办法。根据《工伤保险条例》，应承担王某工伤保险责任的公司是（　　）。

A. 甲公司

B. 乙公司

C. 丙公司

D. 丁公司

57. 下列人员均处于失业状态，失业前缴纳失业保险费均超过一年，失业后均办理了失业登记，并有求职要求。根根《失业保险条例》，四人中可以领取失业保险金的是（　　）。

A. 吴某，为照顾家庭，主动辞职，中断就业

B. 张某，不满单位工资待遇，主动辞职，中断就业

C. 赵某，被所在单位领导批评，主动辞职，中断就业

D. 王某，违反单位操作规程，被所在单位开除，中断就业

58. 根据《中华人民共和国社会保险法》，个人对社会保险经办机构不依法办理社会保险转移接续手续的行为，可以依法（　　）。

A. 申请行政复议

B. 申请劳动仲裁

C. 申请人民调解

D. 提起民事诉讼

59. 经劳动保障行政部门查实，某公司未按规定办理社会保险登记，情节严重。根据《社会保险费征缴暂行条例》，劳动保障行政部门可以对该公司直接负责的主管人员和其他直接责任人员处（　　）的罚款。

A. 500 元以上 1 000 元以下

B. 1 000 元以上 5 000 元以下

C. 5 000 元以上 1 万元以下

D. 1 万元以上 2 万元以下

60. 根据《国务院关于建立企业职工基本养老保险基金中央调剂制度的通知》，中央调剂基金由各省份（　　）构成。

A. 上缴的彩票公益金

B. 上缴的专项税收

C. 养老保险基金上解的资金

D. 行政事业性收费上解的资金

二、多项选择题（共20题，每题2分。每题的备选项中，有2个或2个以上符合题意，至少有一个错项。错选，本题不得分；少选，所选的每项得0.5分）

61. 根据《中华人民共和国立法法》，下列组织中，可以制定地方性法规的有（　　）。

A. 镇人民代表大会

B. 民族自治县人民代表大会

C. 经济特区所在地的市人民代表大会

D. 省会城市人民代表大会

E. 省人民代表大会常务委员会

62. 根据《民政部关于进一步加快推进民办社会工作服务机构发展的意见》，关于成立民办社会工作服务机构的说法，正确的是（　　）。

A. 成立民办社会工作服务机构，章程中应明确社会工作服务宗旨、范围和方式

B. 成立民办社会工作服务机构，应当符合《民办非企业单位登记管理暂行条例》规定的条件

C. 成立民办社会工作服务机构，负责人应具有5年以上专业社会工作服务经历

D. 成立民办社会工作服务机构，应当有10名以上专职工作人员

E. 成立民办社会工作服务机构，专职工作人员中应有1/3以上取得社会工作者职业资格证书或社会工作专业本科及以上学历

63. 老王夫妇与老王的父母、兄妹生活在一起。老王夫妇失业在家，女儿在读高中。老王的哥哥因精神残障一直未婚，老王是哥哥的法定监护人。老王的妹妹在本地工作，为照顾年迈的父母，也搬到老王家同住。老王一家拟申请最低生活保障待遇。根据《最低生活保障审核审批办法（试行）》，下列人员中，应认定为老王共同生活的家庭成员有（　　）。

A. 老王的妻子

B. 老王的女儿

C. 老王的哥哥

D. 老王的妹妹

E. 老王的父母

64. 根据《社会救助暂行办法》，国家给予特困人员供养的内容有（　　）。

A. 办理丧葬事宜

B. 提供交通补贴

C. 提供疾病治疗

D. 提供基本生活条件

E. 对生活不能自理的给予照料

65. 最低生活保障家庭成员小王，在某职业高中就读。根据《社会救助暂行办法》，关于小王教育救助的说法，正确的有（　　）。

A. 小王应当向就读学校提出教育救助申请

B. 学校可以根据实际需要安排小王勤工助学

C. 教育救助应当保障小王基本学习、生活需求

D. 民政部门应当根据小王的申请给予教育补助

E. 小王所获得的教育救助金，由其户籍所在地街道办事处统一发放

66. 父母去世后，老夏把未成年的弟弟抚养成人，老夏夫妇育有一子一女，均已结婚生子、生活富裕。老夏现年事已高，丧失劳动能力。根据《中华人民共和国老年人权益保障法》，下列人员中，对老夏有赡养或抚养义务的有（　　）

A. 儿子

B. 儿媳

C. 女儿

D. 弟弟

E. 女婿

67. 根据《中华人民共和国未成年人保护法》，不得允许未成年人进入的场所有（　　）。

A. 私人美术馆

B. 营业性网吧

C. 营业性歌舞厅

D. 营业性游乐场

E. 经营性电影院

68. 根据《中华人民共和国民法典》，关于收养关系解除的说法，正确的有（　　）。

A. 收养人在被收养人成年以前，不得解除收养关系，但收养人、送养人双方协议解除的除外

B. 养父母与成年养子女关系恶化，无法共同生活的，可以协议解除收养关系

C. 收养关系解除后，养子女与养父母及其他近亲属的权利义务关系即行消除

D. 收养关系解除后，养子女与生父母及其他近亲属的权利义务关系经人民法院裁判后恢复

E. 收养关系解除后，经养父母抚养成年的养子女，对缺乏劳动能力又缺乏生活来源的养父母，应当给付生活费

69. 根据《中华人民共和国民法典》，下列遗嘱中，应认定为无效的有（　　）。

A. 遗嘱人独自以录音形式所立的遗嘱

B. 遗嘱人经人代书并由两名继承人见证所立的遗嘱

C. 遗嘱人受欺骗所立的遗嘱

D. 遗嘱人亲笔书写、签名并注明年月日所立的遗嘱

E. 限制民事行为能力人所立的遗嘱

70. 根据《中华人民共和国治安管理处罚法》，下列违反治安管理行为人中，依法应当给予行政拘留处罚但不执行行政拘留处罚的有（　　）。

A. 刘某，15 岁，高一学生

B. 吴某，17 岁，3 个月前曾受过治安管理处罚

C. 周某，27 岁，怀孕 5 个月

D. 冯某，35 岁，哺乳自己不满一周岁的女儿

E. 韩某，65 岁，行动不便

71. 宋某从甲市某高校社会工作专业毕业后，进入该市“爱联盟”社会工作服务中心工作，同时还是该市志愿者协会注册志愿者。2019 年 3 月，宋某参加甲市志愿者协会活动，到乙市开展精准扶贫志愿服务，其间为抢救落水儿童献出生命。群众提议为宋某申报烈士。根据《烈士褒扬条例》，为宋某申报烈士，由（　　）向主管部门提供宋某牺牲情节的材料。

A. 宋某的妻子

B. 甲市志愿者协会

C. 被救儿童的父母

D. 宋某毕业的高校

E. “爱联盟”社会工作服务中心

72. 根据《退役士兵安置条例》，为妥善安置退役士兵，国家建立以扶持就业为主，（　　）等多种方式相结合的退役士兵安置制度。

A. 自主就业

B. 安排工作

C. 退休

D. 供养

E. 保送读研

73. 老张于 2019 年年底创办了互联网众筹平台，但尚未获得公开募捐资格。2020 年春节前，老张通过该众筹平台开展了“为山区贫困儿童送温暖”公开募捐活动，募得资金 150 万元、衣服 800 件、棉被 500 条。根据《中华人民共和国慈善法》，民政部门对此次募捐行为可以做出的处理有（　　）。

A. 予以警告，责令停止募捐活动

B. 对可以退还的募集财产，责令退还捐赠人

C. 对难以退还的募集财产，予以收缴，转给其他慈善组织用于慈善目的

D. 对老张处 10 万元罚款

E. 对该众筹平台网络服务商处 30 万元罚款

74. 根据《中华人民共和国劳动法》，省、自治区、直辖市人民政府确定和调整最低工资标准时，应当综合参考的因素有（　　）。

A. 就业状况

B. 劳动生产率

C. 社会平均工资水平

D. 本地居民收入差距状况

E. 劳动者本人及平均赡养人口的最低生活费用

75. 李某与某公司签订了为期三年的劳动合同，合同到期前 2 个月，李某提出要求续约，但公司决定按时终止劳动合同，并在合同到期前 1 个月书面通知李某。根据《中华人民共和国劳动合同法》，关于李某与该公司劳动合同终止事宜的说法，正确的有（　　）。

A. 公司应当根据李某在公司的工作年限，按每满一年支付一个月工资的标准向其支付经济补偿

B. 公司应当按照本单位上年度职工月平均工资的标准核算李某的经济补偿

C. 公司应当在终止劳动合同时向李某出具终止劳动合同的证明

D. 公司应当在李某办结工作交接时向其支付经济补偿

E. 公司应当在终止劳动合同后二十日内为李某办理档案和社会保险关系转移手续

76. 吴某，某制衣厂职工，因与女友分手而精神受到刺激，在厂区花园里割腕自残，被警察发现并制止，但吴某仍然情绪激动，扬言要毁了自己。根据《中华人民共和国精神卫生法》，应当将吴某送往医疗机构进行精神障碍诊断的责任主体有（　　）。

A. 吴某近亲属

B. 吴某女友

C. 当地派出所

D. 当地民政部门

E. 吴某所在制衣厂

77. 某街道拟新建一家社区卫生服务中心。下列设备、人员和用房等配置计划中，符合《城市社区卫生服务中心基本标准》的有（　　）。

A. 设置日间观察床位 10 张

B. 安排房屋建筑面积 1 500 平方米

C. 设置以护理康复为主要功能的病床 60 张

D. 配备注册护士 10 名，其中 2 名具有中级以上任职资格

E. 配备执业范围为全科医学专业的临床类别、中医类别的执业医师 8 名

78. 蔡某，男，甲省户籍。40 周岁时从乙省到丙省工作，职工基本养老保险关系随同转移，在丙省缴费满 15 年。随后蔡某中断就业，并定居丙省。根据《城镇企业职工基本养老保险关系转移接续暂行办法》，关于蔡某基本养老保险权益的说法，正确的有（　　）。

A. 丙省社会保险经办机构应保留蔡某基本养老保险关系

B. 蔡某未达到待遇领取年龄前，可以在丙省终止基本养老保险关系，并办理退保手续

C. 蔡某达到退休年龄后可以在丙省办理基本养老保险待遇领取手续

D. 乙省、丙省两地的参保缴费年限合并计算

E. 乙省、丙省两地的个人账户储存额累计计算

79. 根据《工伤保险条例》《最高人民法院关于审理工伤保险行政案件若干问题的规定》，下列人员中，应当被认定为工伤的有（　　）。

A. 孙某，下班回到单位宿舍，醉酒跌伤

B. 吴某，被单位领导批评后，在下班途中自杀

C. 何某，下班顺路买菜，途中被逆行汽车撞伤

D. 李某，下班顺路探望父母，途中被闯红灯汽车撞伤

E. 钱某，下班乘地铁回家途中，地铁列车门突发故障，双臂被夹伤

80. 根据《中华人民共和国社会保险法》，下列参加职工基本医疗保险人员的医疗费用中，由基本医疗保险基金支付的有（　　）。

A. 因治疗工伤产生的医疗费用

B. 在境外就医产生的医疗费用

C. 符合基本医疗保险药品目录的医疗费用

D. 符合基本医疗保险诊疗项目的医疗费用

E. 符合基本医疗保险医疗服务设施标准的医疗费用